Jeden Januar wieder reihen sich auf der Bestsellerliste die Diätratgeber aneinander. Warum? Weil wir Menschen immer wieder an Diäten scheitern und dann nach der neuen Methode suchen, mit der es diesmal aber ganz bestimmt klappen wird. Das tatsächliche Problem mit dem Abnehmen besteht jedoch darin, dass es nicht die *eine* Methode gibt, die für jeden funktioniert, sondern viele Wege zum Ziel führen und jeder für sich selbst den richtigen Weg finden muss. Unsere Lebensführung hat uns unser Übergewicht beschert, und es sind unsere kleinen, persönlichen Eigenheiten, die es uns so schwermachen, die für uns richtige Abnehmform zu finden. Hier setzt Claudia Hochbrunn an: Ihr Buch ist nicht noch ein Ratgeber, der den leichten Weg zum Wunschgewicht verspricht, sondern es erläutert die Psychologie des Abnehmens und hilft dem Leser so, seinen individuellen Weg zum Ziel zu finden.

Claudia Hochbrunn ist Fachärztin für Psychiatrie und Psychotherapie. Sie arbeitete viele Jahre lang in verschiedenen psychiatrischen Kliniken, beim Sozialpsychiatrischen Dienst sowie im forensischen Maßregelvollzug mit Schwerverbrechern. 2015 erschien ihr Buch *Die Welt, die ist ein Irrenhaus, und hier ist die Zentrale,* 2017 *Ein Arschloch kommt selten allein.* Zum Schutz ihrer Patienten verfasst sie ihre Bücher unter Pseudonym.

# Claudia Hochbrunn

## WER BIN ICH – und wie nehme ich ab?

**So finden Sie die Diät,
die zu Ihrem Charakter passt**

Rowohlt Taschenbuch Verlag

Originalausgabe
Veröffentlicht im Rowohlt Taschenbuch Verlag,
Reinbek bei Hamburg, Januar 2018
Copyright © 2018 by Rowohlt Verlag GmbH,
Reinbek bei Hamburg
Umschlaggestaltung ZERO Media GmbH, München
Umschlagabbildung Aaron Tilley / Getty Images
Satz SonsbeekEco (InDesign) bei
Pinkuin Satz und Datentechnik, Berlin
Druck und Bindung CPI books GmbH, Leck, Germany
ISBN 978 3 499 63331 7

# INHALT

**Eine Gebrauchsanweisung anstelle eines Vorwortes**   **7**

**Warum das Abnehmen uns so schwerfällt**   **13**

**Die verschiedenen Charaktertypen**   **19**

Der paranoid-querulatorische Persönlichkeitstyp
und sein Abnehmverhalten   20

Der schizoide Persönlichkeitstyp
und sein Abnehmverhalten   30

Der dissoziale Persönlichkeitstyp
und sein Abnehmverhalten   40

Der histrionische Persönlichkeitstyp
und sein Abnehmverhalten   47

Der zwanghafte Persönlichkeitstyp
und sein Abnehmverhalten   53

Der ängstliche Persönlichkeitstyp
und sein Abnehmverhalten   60

Der dependente Persönlichkeitstyp
und sein Abnehmverhalten   67

Der narzisstische Persönlichkeitstyp
und sein Abnehmverhalten   72

**Jetzt geht es ans Eingemachte:**
**Welcher Abnehmtyp bin ich selbst?**   **77**

Auswertung des Tests   96

## Voraussetzungen zum gesunden Abnehmen 115

Dinge, die man während der Abnehmphase
beachten sollte 123

Wann ist der richtige Zeitpunkt zum Abnehmen? 130

## Welche Arten der Gewichtsreduktion gibt es? 139

Reduktionsdiäten 141

Low-Carb-Diäten am Beispiel der ketogenen Diät 148

Die Paleo-Diät 154

Saftfasten 157

Formula-Diäten 159

Quellstoffe zum Abnehmen 162

Diäten nach vorgefertigtem Plan 164

Essen nach der Uhrzeit 166

Intermittierendes Fasten 169

Rohkost, vegetarische Küche und veganes Leben 172

Sonstige Modediäten 174

Wunderpillen, die den Stoffwechsel ankurbeln
und die die Diätindustrie vor uns versteckt 176

Erhöhung des Energieverbrauchs durch Sport
und Bewegung 177

Operative Methoden zur Gewichtsreduktion 183

## Veränderung der Selbstwahrnehmung 193

## Eine abschließende Bemerkung
## zu behandlungsbedürftigen Essstörungen 203

## EINE GEBRAUCHSANWEISUNG ANSTELLE EINES VORWORTES

Die meisten von uns kennen das Problem mit den Problemzonen. Seien es die paar Pfunde zu viel nach den Feiertagen oder die über Jahre schleichend angesammelten Kilos, denen wir nicht rechtzeitig etwas entgegengesetzt haben. Häufig ist es bequemer, sich ein neues Outfit zu gönnen, um die Pölsterchen erfolgreich zu kaschieren, als sich mit einer Diät zu quälen. Aber irgendwann kommt der Punkt, an dem man sich vornimmt, doch abzunehmen. Weg mit den Problemzonen, hin zur perfekten Strandfigur. Natürlich sollte das am besten innerhalb von wenigen Wochen passieren, so wie es die einschlägigen Illustrierten mit ihren neuesten Wunderdiäten immer wieder versprechen. Dann quält sich der figurbewusste Mensch vier Wochen lang durch die seltsamsten Speisevorschriften und geheimnisvollsten Rituale und träumt dabei von der Zeit, in der er endlich wieder normal essen darf.

Aber was passiert? Statt der versprochenen zwanzig Kilo in vier Wochen sind es maximal vier Kilo. Davon besteht die Hälfte auch noch aus Wasserausschwemmungen, während der tatsächliche Fettverlust höchstens zwei Kilo beträgt. Aus lauter Frust wird die Diät beendet, aber da man sich vier Wochen lang gegeißelt hat, darf man sich jetzt doch mal etwas gönnen, oder? Und dann kommt, was kommen muss: Nach dem Schlemmen der nächsten zwei Monate sind die Wasserspeicher wieder aufgefüllt, die beiden verlorenen Kilo Fett zurückgekehrt und haben noch dazu Gesellschaft durch ein drittes Kilo bekommen.

Viele «Blitzdiäten» haben zunächst deshalb Erfolg, weil man in den ersten Tagen sehr schnell mehrere Kilogramm an Gewicht verlieren kann – allerdings ist das überwiegend Wasser. Ähnliche Effekte zeigen sich auch nach Saunabesuchen. Diese Art der Gewichtsreduktion hat jedoch nichts mit einer Fettreduktion zu tun und ist auch nicht von Dauer. Von dieser Form des Abnehmens können Sie allenfalls profitieren, wenn Sie Kampfsportler sind und kurz vor Ihrem Wettkampf einmal kräftig abschwitzen, um nicht in die höhere Gewichtsklasse zu den stärkeren Gegnern gesteckt zu werden.

Wer in diesem Buch nach Möglichkeiten sucht, schnell und effizient innerhalb kürzester Zeit viel Gewicht zu verlieren, wird enttäuscht werden. Effizientes, dauerhaftes Abnehmen ist ein Prozess, der sich je nach gewünschtem Gewichtsverlust über viele Wochen bis Monate hinzieht. Wenn es tatsächlich die Super-Wunder-Blitzdiät gäbe, die immer und bei jedem funktioniert, gäbe es keine übergewichtigen Menschen, und die Krankenkassen würden ganz gewiss keine teuren bariatrischen Operationen bezahlen, bei denen Adipösen ein Teil des Magens und des Dünndarms entfernt wird und deren gesundheitliche Spätfolgen noch nicht ausreichend bekannt sind.

Es gilt nach wie vor die unumstößliche Regel: Wer abnehmen will, muss mehr Kalorien verbrauchen, als er zu sich nimmt. Um ein Kilogramm Fett zu verlieren, muss Energie im Gegenwert von 7000 Kalorien verbraucht werden. Das ist keine neue, bahnbrechende Erkenntnis, sondern Allgemeinwissen, das bereits seit Jahrzehnten durch den Begriff «FDH – Friss die Hälfte» perfekt zusammengefasst wird.

Nur leider ist es in unserer heutigen Gesellschaft extrem schwierig, von heute auf morgen seine Nahrungsaufnahme zu halbieren. Bei all den Verlockungen verliert man nicht nur schnell den Überblick, Essen und Trinken (ja, man darf auch die Kalorien in den Getränken nicht unterschätzen) sind zudem verbindende Momente des gesellschaftlichen Lebens. Man kocht gemeinsam, man lädt sich zum Essen ein, man bietet dem Besuch Kaffee und Kuchen oder ein Glas Wein an. Wer kann und mag da schon ständig ablehnen und sich dadurch sozial isolieren?

Die Gelegenheiten, seinen Körper mit Energie zu versorgen, die dieser dann für schlechte Zeiten anspart, sind immens. Im Grunde sollte man sich den Übergewichtigen wie einen Menschen mit dickem Bankkonto vorstellen – er bringt seine überschüssige Energie auf die Fettpolsterbank und legt sie in Hüftgold an, anstatt sie für überflüssige Dinge wie etwa Sport auszugeben. Manchmal fällt es uns als einem Volk von Sparern einfach schwer, etwas auszugeben – und sei es nur Energie –, zumal ja ständig vom Energiesparen geredet wird. Der Übergewichtige verschwendet nichts. Das hat er von Kindheit an gelernt, als man ihm beibrachte, immer schön den Teller zu leeren – am besten noch mit Hinweis auf die hungernden Kinder in Afrika, ohne dabei die Frage zu beantworten, was hungernde Kinder in Afrika davon haben, wenn sich deutsche Kinder überfressen.

Wenn man sein Essverhalten nun verändern will, kommt erschwerend hinzu, dass die Portionsgrößen in den Supermärkten deutlich gewachsen sind. Gab es in den siebziger und achtziger Jahren noch kleine Tüten mit Gummibärchen, kommt man heute nicht mehr am Zweihundert-Gramm-Beutel vorbei. Ähnlich ist es mit Kartoffelchips – gab es vor dreißig Jahren noch kleine Tüten mit fünfzig Gramm, so sind sie heute mehr als dreimal so groß. Das Gemeine daran ist, dass es an Bahnhöfen, Flughäfen und Autobahnraststätten noch immer kleinere Portionsgrößen gibt, aber die kosten das Dreifache. Das widerstrebt dem Übergewichtigen, der ja ein Sparer ist – warum soll er eine kleine Tüte kaufen, wenn er für ein Drittel des Preises anderswo die dreifache Menge bekommt? Also spart er lieber doppelt – das gesparte Geld kommt auf die Bank und die aufgenommene Energie ins Fettdepot. Und so wurden wir zu einem Volk von wohlhabenden Übergewichtigen – weil wir so hervorragend sparen.

Das tatsächliche Problem mit dem Abnehmen besteht darin, für sich selbst den richtigen Weg zu finden. Es gibt keine einzige Abnehmmethode auf der Welt, geschweige denn eine Diät, die für jeden Menschen universell und immer funktioniert. Der Schlüssel zum erfolgreichen Abnehmen liegt in unserer individuellen Persönlichkeitsstruktur verborgen. Unsere persönliche Lebensführung hat uns das Übergewicht beschert, und deshalb müssen wir etwas an dieser Lebensführung verändern, ohne dabei unsere sozialen Verpflichtungen und primären Bedürfnisse zu sehr einzuschränken. Wenn die Einschränkung zu groß wird, scheitern wir. Wir müssen unsere individuelle Art des Abnehmens in unseren Alltag integrieren können.

Im Grunde ist es so ähnlich wie in einer Psychotherapie – der Abnehmwillige kennt sein Grundproblem, aber er hat noch keinen Weg gefunden, wie er es dauerhaft lösen kann.

Der Ansatz dieses Buches ist es, Ihnen spielerisch die verschiedenen Charaktertypen vorzustellen, in denen sich jeder irgendwie wiederfinden wird, und Beispiele zu geben, welche Art des Abnehmens zu Ihrem Charaktertyp und Ihren typischen Ansichten und Gewohnheiten am besten passen könnte. Da die meisten Menschen Mischtypen sind und von jedem Charaktertyp den einen oder anderen Zug aufweisen, liegt es letztlich an Ihnen selbst herauszufinden, auf welche Weise Sie wohl am leichtesten Gewicht verlieren könnten. Und dabei will Ihnen dieses Buch helfen: Wer bin ich – und wie nehme ich ab? Dabei geht es nicht nur darum, vom Verstand her zu begreifen, was für ein Typ man ist – denn das wissen die meisten Menschen tief in ihrem Innersten bereits –, sondern sich vom Gefühl her ehrlich einzugestehen, wer man ist, und sich nicht länger selbst zu belügen. Dazu finden Sie in diesem Buch auch einen Selbsttest, der Sie mit einem kleinen Augenzwinkern auf Ihre Schwachpunkte stößt, wenn Sie es denn zulassen. Sind Sie ein eher zwanghaft strukturierter Typ, der sich gern an Regeln hält? Oder neigen Sie dazu, gerne mal fünfe gerade sein zu lassen und sich selbst zu beschummeln, weil das Stückchen Schokolade, das Sie im Büro angeboten bekommen, in Ihrer persönlichen Bilanz grundsätzlich keine Kalorien hat? Haben Sie kein Problem damit, wenn Ihr

Küchenschrank voller Leckereien ist, weil Sie ohnehin nur das essen, was Sie essen dürfen, oder neigen Sie zum Kontrollverlust und müssen dann irgendwann alles in sich hineinstopfen, was Sie finden?

Es sind die kleinen, persönlichen Eigenheiten, die es uns so schwer machen, die für uns richtige Abnehmform zu finden. Aber Sie können sich sicher sein: Wenn Sie erst mal die zu Ihrem Charakter passende Art des Abnehmens gefunden haben, dann werden die Pfunde purzeln. Sie werden bei der Lektüre dieses Buches die Fallstricke jeder Abnehmform kennenlernen und Tipps bekommen, wie Sie diese Hürden am besten nehmen.

# WARUM DAS ABNEHMEN UNS SO SCHWERFÄLLT

In Diätratgebern wird oft empfohlen, sich nur einmal in der Woche zu wiegen, um sich nicht zum Sklaven der Waage zu machen. Tatsächlich sind Frustrationserlebnisse dadurch vorprogrammiert. Stellen Sie sich vor, Sie haben sich eine Woche lang an alles gehalten, was Sie sich zu Ihrer persönlichen Gewichtsreduktion vorgenommen haben – dabei ist es übrigens gleichgültig, ob es sich um irgendeine Diätform oder ein intensiviertes Sportprogramm handelt –, und stellen sich dann auf die Waage. Sie sind fest davon überzeugt, dass Sie mindestens ein Kilo verloren haben müssen. Aber dann wiegen Sie plötzlich sogar ein Kilo mehr als vorher! Ist das nicht frustrierend? Und wie kann das überhaupt sein? Sie haben nicht geschummelt und alles richtig gemacht – aber die Waage zeigt mehr an! Ist das der berühmte «Hungerstoffwechsel», von dem immer alle reden?

Nein, es ist nicht der Mythos des Hungerstoffwechsels. Es sind die bereits im Vorwort beschriebenen Wassereinlagerungen. Dazu ein Beispiel: Eine Bekannte von mir läuft regelmäßig Marathon. Bei einem Marathon kann man mehrere tausend Kalorien verbrauchen, was im Endeffekt ein bis zwei Kilo Fettverlust ausmachen könnte. Trotzdem ist es möglich, dass man direkt im Anschluss an den Marathon mehr wiegt als vorher. Das liegt daran, dass sich im Körper durch die Belastung viel Wasser eingelagert hat und auch kleine Mikroverletzungen der Muskeln, die man als Muskelkater wahrnimmt, zur vermehrten Wassereinlagerung im Heilungsprozess führen. Meine Bekannte erzählte mir, dass sie nach einem sehr anstrengenden Marathon am Tag danach grundsätzlich mehr wiege. Allerdings wird dieses Wasser in den nächsten Tagen wieder ausgeschwemmt und durch die Niere ausgeschieden. Wundern Sie sich also nicht, wenn Sie im Anschluss an einen Marathon häufiger als gewöhnlich auf die Toilette gehen müssen.

Ein ähnliches Phänomen erleben Frauen in Verbindung mit dem monatlichen Zyklus – auch hier kommt es zu Gewichtsschwankungen von ein bis zwei Kilogramm, die sich durch die hormonell bedingten Wassereinlagerungen und die späteren Ausschwemmungen erklären lassen.

Wenn man sich also täglich wiegt, behält man einen besseren Überblick über sein tatsächliches Gewicht und gewinnt ein Gefühl für die individuellen Schwankungen des Wasserhaushalts. Man kann den Unterschied noch besser beobachten, wenn man sich sowohl morgens als auch abends wiegt – die auftretenden Gewichtsschwankungen sind reines Wasser. Sobald das Wasser ausgeschwemmt ist, was von selbst passiert – also nehmen Sie bloß keine Medikamente (Diuretika) zum Ausschwemmen, das ist nicht nur schädlich, sondern auch komplett überflüssig, weil es nichts am Fettgewicht ändert –, können Sie sehen, dass Sie tatsächlich mehrere Kilogramm verloren haben.

Es ist ebenfalls hilfreich, in Zeiten, in denen das Gewicht während einer Diät scheinbar stagniert, Hüft- und Taillenumfang zu messen oder zu eng gewordene Kleidungsstücke anzuprobieren. Ich persönlich habe in der Zeit, wenn die Waage mal wieder seit einer Woche keine Veränderung zeigte, alte Hosen anprobiert, die mir zu eng geworden waren. Und siehe da: Auch wenn sich nichts auf der Waage bewegte, so passte die Hose trotzdem wieder – ich war also auf dem richtigen Weg.

Die meisten Menschen nehmen schleichend zu. Wenn man täglich nur hundert Kalorien mehr zu sich nimmt, als man verbraucht (das entspricht beispielsweise zwei Keksen), hat man in siebzig Tagen ein Kilo mehr auf den Hüften. Wenn Sie also immer Ihr Gewicht gehalten haben, aber nun einen neuen Arbeitsplatz antreten, bei dem Sie jeden Nachmittag in der Besprechung zwei der dort angebotenen leckeren Kekse essen oder wahlweise zwei große Tassen Milchkaffee trinken, wundern Sie sich nicht, wenn Sie nach einem Jahr fünf Kilo mehr wiegen – und zwar reines Fett, kein Wasser. So funktioniert das schleichende Zunehmen. Es geht so langsam, dass man es erst merkt, wenn die Hosen kneifen. Falls Sie dann schon über vierzig sind, denken Sie bestimmt: Das ist normal, in dem Alter wird man automatisch dicker und kann ohnehin nichts mehr dagegen tun, das ist quasi ein Naturgesetz. Also kaufen Sie sich lieber größere Hosen. Wenn Sie damit zufrieden sind, ist alles in Ordnung. Aber wenn es Sie stört, lassen Sie sich gesagt sein, dass man in jedem Lebensalter dauerhaft abnehmen kann, wenn man es wirklich möchte.

Und damit kommen wir zu einem der wichtigsten Aspekte:

Wenn man dauerhaft Gewicht reduzieren möchte, muss man wissen, warum man es tun will.

Wenn man Übergewichtige fragt, ob sie gern schlank wären, werden die meisten vermutlich ja sagen, sofern sie nicht gerade Sumo-Ringer oder schauspielerische Charakterdarsteller sind, die ihr Übergewicht berufsbedingt brauchen. Wenn man Übergewichtige fragt, ob sie gern abnehmen würden, wird diese Frage im Geiste mit «Wärst du gern schlank?» übersetzt und auch mit Ja beantwortet.

Aber tatsächlich besteht darin ein Unterschied. Ist man wirklich dazu bereit und auch in der Lage, sein Leben ausreichend umzustellen, um dauerhaft abzunehmen? Ist man wirklich bereit, sich von lieben Gewohnheiten zu verabschieden oder sie zu modifizieren? Und mehr noch: Ist man auch bereit dazu, ein bestimmtes Verhalten lebenslang zu verändern, weil man sonst unweigerlich Opfer des Jojo-Effekts wird? Denn die klassische Diätfalle besteht darin, dass man sich über einen begrenzten Zeitraum zügelt und kasteit, um schlank zu werden. Manche Menschen geben irgendwann frustriert auf, weil es zu anstrengend ist, andere halten es zwar bis zum Zielgewicht durch, aber nur mit dem Gedanken daran, dann «endlich wieder normal essen zu können». Damit meinen sie ihr ursprüngliches Essverhalten. Nur leider war das ursprüngliche Essverhalten nicht normal, sondern schlichtweg zu viel, weshalb sie überhaupt erst zugenommen haben.

Zudem verbraucht ein Körper, der einhundert Kilogramm auf die Waage bringt, mehr Energie als ein Körper, der nur siebzig Kilogramm wiegt. Am Anfang nimmt der Übergewichtige also wesentlich schneller ab, während man sich für die letzten fünf Kilo deutlich mehr einschränken oder sportlich länger anstrengen muss. Während man also verhältnismäßig schnell von hundert auf fünfundneunzig Kilo abnehmen kann, ist der Schritt von fünfundsiebzig auf siebzig Kilo mit deutlich mehr Aufwand verbunden, denn man muss ja Energie im Gegenwert von siebentausend Kalorien verbrauchen, um ein Kilo Fett zu verlieren. Wenn ich täglich zweitausendfünfhundert Kalorien benötige und nur tausendfünfhundert Kalorien aufnehme, habe ich in sieben Tagen ein Kilo Fett verloren. Wenn ich aber nur zweitausend Kalorien benötige, brauche ich bei gleicher Nahrungsaufnahme (oder wahlweise gleicher sportlicher Betätigung) bereits vierzehn Tage, um ein Kilo Fett zu verlieren. Weniger zu versorgende Körpermasse braucht weniger Energie. Auf diese Weise erklärt es sich auch, warum man oftmals nur wenige Kilo über die Jahre zunimmt. Wenn man täglich nur zweihundert Kalorien zu viel aufnimmt, hat man mit fünf Kilogramm mehr auf den Hüften unter Umständen schon wieder sein Gleichgewicht erreicht – diese zweihundert Kalorien mehr sind nun erforderlich, um die fünf Kilo mehr als dauerhafte Mieter im Hüftgolddepot zu bewahren. Wenn man auf diese zweihundert Extrakalorien verzichtet, würden sie langsam auch wieder verschwinden. Allerdings so langsam, dass man es kaum bemerkt.

So, genug der Theorie, die Grundlagen über das Abnehmen kennen Sie jetzt, falls Sie sie nicht ohnehin schon kannten. Jetzt geht es ans Eingemachte, wir schauen uns die verschiedenen Charaktertypen und ihre ganz persönlichen Probleme an, aber auch ihre individuellen Stärken bei der Gewichtsreduktion. Anzumerken bleibt, dass diese Charaktertypen in Reinform vorgestellt werden, um sie plastischer darzustellen. Die meisten Menschen setzen sich jedoch aus verschiedenen Charaktertypen zusammen, sodass Sie sich unter Umständen nicht in allem wiedererkennen. Aber seien Sie ehrlich zu sich selbst, wenn Sie fühlen, dass hier ein Finger in der Wunde liegt und bohrt. Wenn Sie den Schmerz der Selbsterkenntnis verleugnen und sich einreden, das habe alles nichts mit Ihnen zu tun, können Sie letztlich auch nichts verändern, und alles wird so bleiben, wie es ist.

# DIE VERSCHIEDENEN CHARAKTERTYPEN

Eine kleine Vorbemerkung: Im Nachfolgenden wird überwiegend die männliche Form zur besseren Lesbarkeit gewählt. Selbstverständlich trifft alles auf beide Geschlechter zu, allerdings besitzt die deutsche Sprache die Eigenheit, viele Wörter mit männlichen Artikeln zu versehen, und die bisherigen Versuche, die deutsche Sprache korrekt zu gendern, sind allenfalls für Behördenformulare geeignet. Wenn sich einige Leserinnen deshalb nicht ausreichend in ihrer Rolle als Frau wertgeschätzt fühlen sollten, betrachten Sie es mal folgendermaßen: Der maskuline Artikel gilt für Worte wie «Charaktertyp». Aber wir haben dafür auch «die Persönlichkeit» – wenn Sie Artikel mit Menschen gleichsetzen, wären Frauen somit Persönlichkeiten und Männer bestenfalls Charaktertypen. Es kommt eben immer auf den Betrachtungswinkel an.

## Der paranoid-querulatorische Persönlichkeitstyp und sein Abnehmverhalten

Der paranoid-querulatorische Persönlichkeitstyp zeichnet sich dadurch aus, dass er dazu neigt, neutrale oder freundliche Handlungen als böswillig oder gegen sich gerichtet wahrzunehmen. Er ist grundsätzlich ein misstrauischer Zeitgenosse und würde niemals auf die «Wunderpille aus Hollywood» zum Abnehmen vertrauen, weil er ganz genau weiß, dass das nur Humbug ist. Es könnte aber auch sein, dass er zwar an diese Wunderpille glaubt, weil er sich sicher ist, dass die skrupellose Diätindustrie sie längst entwickelt hat, sie ihm aber vorenthält, um andere, teure Produkte zu verkaufen, während es doch eigentlich ganz einfache Wege zum Gewichtsverlust gäbe.

Das Problem dieses Persönlichkeitstyps besteht darin, dass er erst einmal jede Methode anzweifelt. Irgendwo muss doch ein Haken an der Sache sein. Im Übrigen stellt sich für ihn auch die Frage, warum er überhaupt abnehmen sollte, denn er ist niemand, der sich von anderen vorschreiben lässt, was gut und richtig ist. Da wittert er dann schnell eine Verschwörungstheorie. Stecken die Hersteller von teuren Diätprodukten dahinter, die die Menschheit mit ihren gefälschten Statistiken quälen, um nur noch reicher zu werden? Im Zweifelsfall ist die Umwelt böse, und man selbst ist völlig in Ordnung und nur Opfer der Umstände.

Die Frage nach der Motivation zum Gewichtsverlust ist deshalb das alles Entscheidende für diesen Charaktertypen. Da der paranoid-querulatorische Typ von seinen Mitmenschen ohnehin nicht viel hält, wird er auf keinen Fall abnehmen wollen, um besser auszusehen. Da kauft er sich lieber neue Kleidungsstücke und meckert im Geschäft darüber, dass die Chinesen an allem Schuld sind. Die Chinesen, die die Textilindustrie in ihren Händen halten und selbst alle so klein und dünn sind, dass sie in Hosen, die eigentlich nur Größe 38 sind, Größe 46 als Etikett einnähen, weil sie keine Ahnung von deutschen Größen haben. Er selbst hat auf keinen Fall zugenommen, die Stoffe taugen heute nichts mehr und laufen schnell ein, das ist alles. Eine Waage besitzt er auch nicht, weil diese neumodischen elektronischen Dinger sowieso alles falsch anzeigen. Falls er doch eine Waage hat, ist das meist ein mechanisches Modell, das er von Hand nachjustieren kann, wenn es mal wieder fälschlicherweise zu viel anzeigt.

Der Querulant würde auch niemals wegen möglicher gesundheitlicher Probleme, unter denen er noch nicht leidet, abnehmen. Das ist sowieso alles Blödsinn, der von geldgierigen Ärzten, der Diätmafia und den Schlankheitswahnspinnern propagiert wird. Übergewicht ist doch gar nicht so schlimm, vor allem hat man in schlechten Zeiten ja noch Reserven, und im Übrigen weiß doch jeder, dass Menschen mit Übergewicht länger leben als diese magersüchtigen Hungerhaken.

Der Querulant gehört also zu jenen Zeitgenossen, die erst einmal gar nichts ändern wollen, solange sie noch Kleidung in ihrer Größe finden und in ihr Auto passen.

Sollte allerdings irgendwann der Zeitpunkt erreicht sein, an dem ihn sein Übergewicht tatsächlich körperlich einschränkt, wird er anfangen, darüber nachzudenken, was er dagegen tun kann. Ein solcher Zeitpunkt ist beispielsweise gekommen, wenn der Querulant einen Smart besitzt und nur noch mit Schwierigkeiten in sein Auto passt. Möglicherweise wird er sich überlegen, vom Smart auf einen anderen Wagen umzusteigen – ähnlich wie in die nächste Hosengröße –, aber da Autos teurer sind als Hosen und ein Smart insbesondere in der Großstadt unschlagbar beim Ausnutzen von Parklücken ist, fällt die Entscheidung schon deutlich schwerer. Soll ich mich meinem Auto anpassen, oder passe ich mein Auto meinen Bedürfnissen an?

Sofern der Querulant zu dem Schluss kommt, dass kein Weg mehr an der Gewichtsreduktion vorbeiführt, wird er anfangen, sich mit einschlägigen Diätratgebern zu befassen. Natürlich wird er zunächst ausschließlich die negativen Kritiken lesen, da sie seinem misstrauischen Charakter am ehesten entsprechen

Nun ist die entscheidende Frage, ob ihm die Kritiker sympathisch sind oder ob er die Kritiker einer Diätform für Spinner hält. Wenn unser Querulant ein überzeugter Tierschützer ist (Tiere sind sowieso die besseren Menschen), wird er vermutlich eine fleischhaltige, proteinbasierte Diät ablehnen und sich lieber der Rohkost zuwenden. Falls seine Nachbarin, die er auf den Tod nicht ausstehen kann, Veganerin ist, wird er die Rohkost allerdings verteufeln. Es fällt ihm schwer, die Sache neutral zu betrachten, er verbindet sie immer mit denen, die sie praktizieren. Je mehr er den Verfechter einer Abnehmform respektiert, umso erfolgreicher wird er sein, wenn er dessen Methode erprobt.

Für den Querulanten geht es – wenn er sich zu einer Diät entschließt – auch immer darum, recht zu behalten. Er hat eine bestimmte Methode präferiert, also muss er sich selbst (und allen anderen) nun auch beweisen, dass sie funktioniert. Die Diätform wird zur Lebenseinstellung und möglicherweise zur Ersatzreligion, die er – wenn er seinen Erfolg bewiesen hat – missionarisch verteidigt und allen anderen Übergewichtigen als einzig wirkungsvollen Weg zur dauerhaften Gewichtsreduktion verkaufen will. Kritik an seiner speziellen Diät, die ihm geholfen hat, führt nur dazu, dass er die Kritiker für Idioten hält, die zu undiszipliniert sind, um die Sache richtig durchzuziehen.

Deshalb kann der Querulant eigentlich auf jede Weise abnehmen, wenn er nur davon überzeugt ist. Er muss an seine Sache glauben, ehe er auf seinen heiligen Diätkreuzzug gehen kann. Sollte die von ihm bevorzugte Abnehmform wider Erwarten scheitern, fühlt er sich andererseits nur darin bestätigt, dass man ohnehin niemandem trauen darf und die Diätmafia mal wieder ihre Finger im Spiel hatte.

Falls Sie sich in Teilen in der Argumentation des Querulanten wiedererkennen, ist das ein Hinweis auf Ihre spezifische Diätpersönlichkeit. Mögen Sie sonst auch kein Querulant sein – Sie wollen sich von der Gesellschaft nicht vorschreiben lassen, wie Sie Ihr Leben zu führen haben und welches Schönheitsideal gilt. Ohne eine ausreichende Motivation bleiben Sie lieber bei Ihrem aktuellen Gewicht und sind damit zufrieden.

## Motivationsgründe und Diätformen
## für den Querulanten

Was kann nun einen Menschen mit querulatorischen Persönlichkeitszügen (selbst wenn das Querulantentum nur auf Diäten beschränkt ist) zur Gewichtsreduktion motivieren?

Letztlich sind es die spürbaren Beeinträchtigungen im eigenen Lebensstil. Diese müssen so einschneidend sein, dass es keine Alternative mehr zur Gewichtsreduktion gibt. Menschen mit querulatorischen Persönlichkeitszügen sind wahre Meister darin, sich ihr Gewicht schönzureden und all die positiven Effekte des Übergewichts in den Vordergrund zu stellen. Sie sind auch wahre Meister im Umdeuten von Statistiken. Zugleich werfen sie jenen, die sich erfolgreich einer Gewichtsreduktion unterzogen haben, sehr gern ein gestörtes Essverhalten oder wahlweise das Nacheifern eines überkommenen Schönheitsideals vor. In Wahrheit rechtfertigen sie durch die Entwertung derer, die erfolgreich abgenommen haben, nur ihr eigenes Übergewicht, ohne dabei ein tragfähiges Selbstbewusstsein entwickelt zu haben. Ein selbstbewusster Mensch mit Übergewicht wird niemals jemanden, der erfolgreich abgenommen hat, abwerten oder gar pathologisieren. Er wird es zur Kenntnis nehmen, vielleicht aus Interesse fragen, wie die Gewichtsabnahme funktionierte, und dann darüber nachdenken, ob er sich das selbst zumuten möchte oder lieber doch nicht.

Der Querulant hingegen, der tief in seinem Innersten längst erkannt hat, dass er viel zu fett ist und eigentlich liebend gern etwas daran ändern möchte, jedoch den mühevollen Weg dorthin scheut, sucht nach Möglichkeiten, sich sein Gewicht schönzureden. Erst dann, wenn ihm sein Körper täglich aufs Neue beweist, dass es nichts mehr gibt, was sich schönreden lässt – eben weil er nur noch in teuren Spezialgeschäften Kleidung findet, seine Gelenke ihm unerträgliche Schmerzen bereiten, ihn ein defekter Aufzug, der ihn dazu nötigt, zu Fuß in den zweiten Stock zu steigen, an den Rand eines Herzinfarktes bringt und er im Freizeitpark nicht mehr in die Fahrgeschäfte passt, obwohl er liebend gern Achterbahn fährt –, wird er sich ernsthaft mit der Gewichtsreduktion befassen.

Da der Übergewichtige im Allgemeinen gern isst – essen ist mehr als reine Energiezufuhr, es ist Genuss, Lebensfreude, es steht für soziale Kontakte – und der querulatorische Persönlichkeitstyp Diäten zunächst einmal kritisch betrachtet, besteht sein erster Versuch der Gewichtsreduktion oft darin, sich mehr zu bewegen. Also quält er sich die Treppen hinauf, anstatt den Aufzug zu benutzen, sofern seine Kniegelenke und das Herz-Kreislauf-System nicht sofort laut aufschreien.

Stellen wir uns vor, der Querulant versucht tatsächlich, zweimal am Tag regelmäßig zu Fuß in den 6. Stock zu steigen. Er ist stolz, dass er es geschafft hat. Aber weiß er auch, wie viel Energie er tatsächlich verbraucht hat? Die Bilanz ist meist ernüchternd – zwei Minuten normales Treppensteigen benötigen je nach Körpergewicht zwischen acht und zwanzig Kalorien. Im besten Fall – bei einem Verbrauch von zwanzig Kalorien – muss man siebenhundert Minuten lang Treppen steigen, um ein Kilo Gewicht zu verlieren – das sind rund elf

25

Stunden. Wenn man also jeden Tag fünf Minuten lang Treppen steigt, verliert man auf diese Weise im günstigsten Fall in einhundertvierzig Tagen ein Kilo Fett. Im ungünstigsten Fall braucht man schon fast ein Jahr, um bei unveränderter Nahrungsaufnahme durch regelmäßiges Treppensteigen ein Kilo an Fett zu verlieren.

Wenn der kleine Querulant in uns diese Rechnung aufstellt, ist die Wahrscheinlichkeit groß, dass er künftig doch lieber wieder den Aufzug benutzt – wozu soll man sich schinden, wenn der Effekt so gering bemessen ist?

Und wieder ist er an dem Punkt angelangt, dass es unmöglich ist, in angemessener Zeit ohne besondere Umstände Gewicht zu verlieren.

Aber vielleicht klappt es ja mit Low-Carb? Überhaupt sind doch Kohlenhydrate Schuld an allem, denkt er bei sich, das wissen doch schon die großen Bäckereiketten, die seit neuestem Eiweißbrötchen im Angebot haben. Also kauft unser Querulant auf Motivations- und passender Diätensuche – beides hängt bei ihm eng zusammen – von nun an nur noch Eiweißbrötchen. Entscheidend ist dabei jedoch, ob er über die Selbstdisziplin verfügt, sich auch an die übrigen Regeln dieser Kostform zu halten, oder ob er glaubt, es sei damit getan, nur noch Eiweißbrötchen zu essen.

Bei seiner querulatorischen Persönlichkeit besteht das große Risiko, dass er sich nur die angenehmen Dinge einer Diätform aussucht und die tatsächlichen Einschränkungen ausblendet. Und so wundert er sich, dass er bei gleicher Nahrungsaufnahme – aber immerhin hat er ja die normalen Brötchen gegen Eiweißbrötchen ausgetauscht – am Ende seiner scheinbar kohlenhydratarmen Phase nicht nur nichts abgenommen, sondern unter Umständen auch noch zugenommen hat. Eiweißhaltige Brötchen haben nämlich im Vergleich zu normalen Brötchen oftmals deutlich mehr Kalorien – sie liefern also mehr Energie, die entweder verbraucht werden muss oder aufs Fettdepot kommt. Der Versuch, den scheinbar einfachsten Weg zu gehen – man nehme sich aus allen Diätformen das, was man am leichtesten umsetzen kann, und hält den Rest für Unsinn –, ist somit zum Scheitern verurteilt. Der Querulant befindet sich nun also wieder an dem Punkt, an dem er sich entscheiden muss, ob er den Kampf gegen die überflüssigen Pfunde aufgibt und sich lieber ein neues Outfit kauft oder ob er bereit ist, einer Diät voll und ganz zu vertrauen und sich wirklich an alle Regeln zu halten.

Im Zweifelsfall wird der Querulant am leichtesten von einer Reduktionsdiät zu überzeugen sein, gepaart mit leichter körperlicher Bewegung. Wenn er beispielsweise die aufgenommene Nahrungsmenge anhand von Kalorien oder Weight-Watchers-Punkten zählt und nebenher täglich Treppen steigt, bleibt ihm die größtmögliche Freiheit.

Möglicherweise sieht er es sogar als Herausforderung, seine Nahrungsaufnahme zu kontrollieren und zu berechnen, wie viel Energie er benötigt und wie viel Energie er zu sich nehmen muss, um täglich fünfhundert bis tausend Kalorien mehr zu verbrauchen, als er aufnimmt. Vielleicht erkennt er, dass es im Sommer eine gute Idee ist, mit dem Fahrrad zur Arbeit zu fahren, oder er geht nach Feierabend noch mal eine Stunde lang spazieren, verzichtet danach aber darauf, sich für diese Leistung mit einem Eisbecher zu belohnen.

Entscheidend ist für den Querulanten, möglichst schnell Erfolge zu sehen, da seine misstrauische Grundstruktur ihn sonst nicht lange durchhalten lässt. Er muss erkennen, dass er auf dem richtigen Weg ist, denn das fehlende Vertrauen in seine Umwelt lässt ihn schnell ungeduldig werden, zumal er ohnehin immer davon ausgeht, betrogen zu werden. Und er hat viel zu oft die Erfahrung gemacht, dass diese ganzen Diätratgeber nur für die Tonne taugen ...

Ein großes Problem stellt sich dem Querulanten am Ende seiner Diät. Wenn er sich für eine Reduktionsdiät mit Kalorienkontrolle oder Weight-Watchers-Punkten entschieden hat, kann es sein, dass er sein Essverhalten über all die Monate, während deren er sich bewusst ernährte, sinnvoll umgestellt hat, sodass er jetzt die Fallstricke der Ernährung kennt.

Wenn er allerdings eine Diät nach einem Diätplan mit bestimmten Mahlzeiten erprobt hat, die ihn sehr genau reglementierte – sei es nun eine Diät mit vorgefassten Rezepten, eine Shake-Diät oder eine Kohlsuppen-Ananas-Saft-Diät –, steht er nach Erreichen seines Zielgewichts vor folgendem Dilemma: Wie soll er sein Gewicht halten? Einfach wieder wie vor der Diät zu essen birgt die große Gefahr, in alte Ernährungsmuster zurückzufallen. Denn der Querulant war nun so sehr mit seiner eigenen speziellen Diätform und dem Abnehmen befasst, dass er darüber hinweg vergessen hat, seine Ernährung dauerhaft dem Gewichtserhalt anzupassen. Also ist die Gefahr groß, dass er, sofern er Anhänger einer Diätform ist, die man nur zeitlich begrenzt durchhalten kann, ein Opfer des Jojo-Effekts wird.

Das wird ihn allerdings nicht weiter verwundern. Er wusste

ja schon immer, dass Diäten auf Dauer nicht helfen, sondern den Stoffwechsel kaputt machen. Wieder einmal fühlt er sich in seiner negativen Sicht der Dinge bestätigt, ohne darüber nachzudenken, was die tatsächlichen Ursachen seines ganz persönlichen Jojo-Effekts sind. Vermutlich wird der Querulant, der sich eben noch im Internet in einschlägigen Foren als Prediger einer bestimmten Diätform betätigte, mit der er endlich einmal abgenommen hat, nun zum ebenso großen Gegner selbiger werden, weil ihn der «böse Jojo-Effekt» und die «Diätmafia» wieder einmal «reingelegt» haben. Er sucht die Verantwortung nicht bei sich selbst, sondern der Feind ist immer im Äußeren zu finden.

Aber wer keine Verantwortung für sein eigenes Handeln übernimmt, gibt damit auch die Eigenkontrolle ab. Somit muss der Querulant sich zunächst nicht nur die Motivation für seine Diät bewusst machen, sondern auch die Tatsache, dass er nach einer erfolgreichen Gewichtsreduktion selbst die Kontrolle für den Erhalt des Zielgewichts übernehmen muss. Weder ein durch Diäten «ruinierter Stoffwechsel» noch der «böse Jojo-Effekt» sind die Schuldigen. Die Verantwortung für die Gewichtszunahme liegt ganz allein bei ihm selbst und seinem Essverhalten.

## Der schizoide Persönlichkeitstyp
## und sein Abnehmverhalten

Trotz der Wortähnlichkeit hat eine schizoide Persönlichkeitsstruktur nichts mit dem Erkrankungsbild der Schizophrenie
gemein. Der schizoide Persönlichkeitstypus ist vielmehr ein
Einzelgänger und Eigenbrötler, der Schwierigkeiten damit
hat, seine Gefühle auszudrücken und intensiv zu erleben.
Man findet diesen Typus unter klassischen Nerds, aber auch
unter Künstlern, da Schizoide in ihrer eigenen Welt leben und
sie sich kreativ ausgestalten. Der klassische Schizoide lebt
eher neben der Gesellschaft als mittendrin. Er sieht sich dabei
gern in der Rolle eines Verhaltensforschers, der interessiert
die putzigen Rituale seiner Mitmenschen beobachtet – ähnlich wie die europäischen Wissenschaftler des 19. Jahrhunderts die Rituale von Eingeborenenstämmen überall auf der
Welt studierten. Nur dass es sich in den Augen des Schizoiden
bei den Eingeborenen um keine fremden Kulturen handelt,
sondern um seine Nachbarn und manchmal sogar die eigenen Familienangehörigen.

Es überrascht daher nicht, dass der zurückgezogen leben-
de Eigenbrötler nicht besonders viel Wert auf sein Äußeres
legt. Es ist ihm schlichtweg egal, was andere von ihm denken.
Und natürlich ist es ihm auch völlig wurscht, ob sie ihn für
zu fett halten. Er selbst nimmt in seiner Umgebung ebenfalls
nicht wahr, ob andere dicker oder dünner sind. Solange keine
Nachteile durch sein Übergewicht zu spüren sind, wird er
nicht einmal merken, dass er selbst dick ist. Er hält sich für
ganz normal und ist damit zufrieden. Wozu sollte er sich also

irgendwelchen Diäten oder sportlichen Betätigungen hingeben, um etwas an seinem Leben zu verändern?

Da der schizoide Persönlichkeitstypus schlichtweg kein Problemempfinden und keine ausreichende eigene Körperwahrnehmung hat, leidet er nur dann unter seinem Übergewicht, sofern es ihn in irgendeiner Weise massiv einschränkt. Das Interessante daran ist, dass seine Lebenseinstellung ansteckend ist. Wenn man von schizoiden Persönlichkeiten umgeben ist, die mit sich selbst völlig im Reinen sind und jegliche Form von Diät für ein skurriles Ritual seltsamer Eingeborener oder Besessener halten, gerät man schnell in Versuchung, ihren Lebensstil zu übernehmen. Warum soll ich länger auf meine Figur achten und mir sämtliche Genüsse versagen, wenn es doch völlig egal ist, ob ich ein paar Kilo mehr oder weniger wiege? Solange es noch Hosen in meiner Größe gibt, ist doch alles okay, oder?

Adipositas kann ansteckend sein – nämlich immer dann, wenn sie nicht länger als Problem betrachtet wird, das zur gesellschaftlichen Ausgrenzung führt. In der Vergangenheit zogen viele Menschen ihre Motivation zur Diät daraus, dass sie nicht ausgegrenzt werden wollten, weil sie dick waren. Das betraf vor allem Frauen. Frauen sollten attraktiv sein, während der Mann durchaus eine «Wohlstandswampe» haben durfte, da die für sein dickes Bankkonto sprach. In der heutigen Zeit, in der Frauen es nicht mehr nötig haben, ihr Kapital einzig ins Aussehen zu stecken (sofern sie nicht gerade als Model arbeiten oder einen alten, fetten Milliardär heiraten wollen), sondern einem eigenen Beruf nachgehen, hat sich die Wahrnehmung geändert. Eine Frau, die auf ihre Figur achtet, wird nun auch an ihren potentiellen Partner höhere Ansprüche stellen. Ein dicker Mann mit durchschnittlichem Einkommen hat nicht mehr die Wahl unter einer Vielzahl attraktiver, schlanker Frauen, die einen Versorger suchen. Der Mann muss sich entweder dem Diätdiktat der schlanken, beruflich erfolgreichen Frauen unterwerfen oder sich mit einer Frau seiner eigenen Gewichtsklasse zusammentun – was durchaus Vorteile hat, schließlich hat man einen ähnlichen Lebensstil und kann das Leben ungeachtet des «Schlankheitswahns» weiter genießen. Der Ausdruck «dicke Freunde» bekommt in diesem Zusammenhang eine ganz neue Bedeutung.

Wenn man sich die Entwicklung unserer Gesellschaft ansieht, hat sich das schizoide Lebensgefühl der Übergewichtigen bereits in weiten Teilen der Konsumgesellschaft durchgesetzt. Anstatt sich zu zügeln und zu kasteien, ist die Zahl der Adipösen deutlich angestiegen, und auch das, was als dick wahrgenommen wird, hat sich verändert. Hieß es in den siebziger und achtziger Jahren des vergangenen Jahrhunderts noch, das Idealgewicht einer Frau sei Körpergröße in Zentimetern minus hundert minus fünfzehn Prozent – was bei einer Frau von 1,70 Meter Größe einem Gewicht von 59,5 Kilogramm entspricht –, haben wir heute den Body-Mass-Index (BMI) als Leitlinie, bei dem das Normalgewicht einer Frau entsprechender Größe bei einem BMI zwischen 19 und 24,6 liegt – was wiederum einem Gewichtsspielraum von 55 bis 71 Kilogramm entspricht. Man gilt also heute noch als normalgewichtig bzw. schlank, wenn man ein Gewicht hat, das deutlich über dem Ideal der siebziger und achtziger Jahre liegt.

Dadurch hat sich auch die allgemeine Wahrnehmung verändert. Eine Frau von 1,70 Meter Größe wurde vor vierzig Jahren mit einem Gewicht von 71 Kilogramm als dick oder bestenfalls «mollig» bezeichnet. Heute gilt sie nicht nur als normal, sondern in einem gesellschaftlichen Umfeld, in dem ein Drittel der Bevölkerung adipös ist, als schlank. Der Anpassungsdruck ist in den letzten dreißig Jahren deutlich gesunken – es ist erlaubt, dick zu sein. Die Modeketten haben sich darauf eingestellt. Während man vor dreißig Jahren in zahlreichen angesagten Boutiquen oder auch Billigketten vergeblich nach Hosen in Größe 42 suchte, ist es heutzutage kein Problem mehr, Kleidungsstücke auch in Größen jenseits der 50 zu finden, die einen eleganten Schnitt haben und nicht wie Einmannzelte aussehen.

Deshalb fällt es einer schizoiden Frau nicht schwer, sich selbst mit Kleidergröße 48 als normalgewichtig wahrzunehmen. Solange es noch Kleidergrößen gibt, die oberhalb ihrer eigenen liegen, hat sie kein Problem. Sie ist eine von vielen, nichts Besonderes.

Da diese Lebenseinstellung verführerisch ist, neigen nun auch ihre Freundinnen dazu, diese Einstellung zu teilen. Vor allem dann, wenn sie zu Hause ein ebenfalls übergewichtiges Exemplar Mann sitzen haben, dem es völlig wurscht ist, wie seine Frau aussieht, solange das Essen rechtzeitig auf dem Tisch steht. Wenn man selbst die Schlankste in einer Gruppe von übergewichtigen Freundinnen ist, merkt man nicht, wenn man sich schleichend anpasst. Man bleibt ja im «Normalbereich» – nur hat sich die Wahrnehmung des Normalbereichs verändert. Und so ist man glücklich, wenn man sich dem gesellschaftlichen Beisammensein hingeben kann, gemeinsam kocht, neue Schokoladensorten ausprobiert oder die Erzeugnisse des teuren Kaffeevollautomaten genießt – natürlich mit viel Zucker und Milch. Man hat Spaß miteinander, das Essen und Trinken ist ein verbindendes soziales Element – davon hat der Schizoide ohnehin viel zu wenig.

Beim Schizoiden besteht deshalb noch eine weitere Gefahr. Da er sich im Vergleich zu anderen Charaktertypen (mal abgesehen vom paranoid-querulatorischen) viel seltener mit anderen Menschen trifft, kann es passieren, dass er bei seinem Wunsch nach Verschmelzung in Verbindung mit dem Bedürfnis nach Autonomie das Essen als Ersatzhandlung für soziale Kontakte betrachtet. Wenn er also abends an seinem PC sitzt, um sich mit seinen Freunden im Internet-Chat, in einschlägigen Foren, den sozialen Netzwerken oder bei virtuellen Rollenspielen zu treffen, dienen die Süßigkeiten, Kartoffelchips oder aber die Pizza neben dem PC als verbindendes Element. Das Essen bekommt eine zusätzliche Bedeutung. Es geht nicht mehr um Nahrungsaufnahme zur Sättigung des Hungergefühls, sondern um den gemeinsamen Genuss, auch wenn man sich gar nicht direkt gegenübersitzt. Und so trainiert sich der Schizoide ein Essverhalten an, bei dem er kein Sättigungsgefühl mehr wahrnimmt, sondern erst dann mit dem Essen aufhört, wenn es weh tut, noch mehr in sich hineinzustopfen.

Falls irgendwann der Punkt kommt, an dem selbst der gelassenste Schizoide erkennt, dass er dringend Gewicht reduzieren muss, um sich körperlich überhaupt noch bewegen zu können, steht er vor einem argen Problem. Essen ist mittlerweile sein Hobby und ein integraler Bestandteil seines Lebens geworden. Das Essen einzuschränken fällt ihm jetzt genauso schwer wie einem Alkoholiker der Verzicht auf Schnaps. Das Essen ist wenn nicht gar zu einer Sucht, so doch zu einem schädlichen Verhalten geworden. Wenn nun der Genuss mittels Nahrungsmitteln wegfällt, entsteht eine innere Leere, die der schizoide Charaktertyp nur schwer ausgleichen kann. Mit Reduktionsdiäten wie beispielsweise Kalorienzählen ist er hoffnungslos überfordert. Er wird dann nur noch ans Essen denken und von einer Mahlzeit auf die nächste lauern oder seine erlaubten Kalorien gleich am Vormittag zu sich nehmen, nur um dann am Abend nach etwas Essbarem zu gieren, bis er irgendwann die Selbstkontrolle verliert und den Kühlschrank plündert. Und da er nun ohnehin schon gesündigt hat, ist eh alles gleich – er wird alles in sich hineinstopfen, damit am nächsten Tag bloß nichts mehr da ist und er dann endlich «richtig mit der Diät» anfangen kann. Aber das Muster wird ihn nicht loslassen – der Suchtfaktor ist stärker. Einige Menschen versuchen dieses Verhalten dadurch zu kompensieren, dass sie nach dem Kontrollverlust sofort das Erbrechen auslösen, damit sie bloß nicht zunehmen. Bei ihnen ist der Essstörung namens Bulimie Tür und Tor geöffnet.

Andere wiederum stopfen alles in sich hinein, ohne sich zu erbrechen, und nehmen deshalb immer weiter zu. Dieses Muster beobachtet man oft bei übergewichtigen Kindern und Jugendlichen – zunächst haben weder sie selbst noch ihre Eltern ein Problembewusstsein. Erst dann, wenn seitens der Schule oder anderer äußerer Einflüsse der Druck zu hoch wird, versuchen sie, mit Restriktion dagegen anzukämpfen. Die Kinder werden in Diätprogramme gesteckt, unter Umständen auch zu mehrmonatigen Kuren geschickt, doch alles wird als Drangsal erlebt, da sie selbst kein Problembewusstsein haben. In ihrer Eigenwahrnehmung sind sie normal, es sind bloß die anderen, die ein Problem mit dicken Kindern haben. Aber wo kein Problembewusstsein ist, kann auch keine Veränderungsmotivation entstehen. Und wo etwas, das für den Betroffenen sehr wichtig ist – also hier das genussvolle, ungehemmte Essen – reglementiert wird, ohne dafür einen angemessenen Ersatz zu schaffen, kann keine dauerhafte Umstellung der Lebensgewohnheiten erfolgen. Eine zwangsweise von außen verordnete Abnehmkur wird niemals zum gewünschten Erfolg führen. Möglicherweise kann man ein paar Kilogramm loswerden, aber da diese Maßnahmen als von außen aufgezwungen erlebt wurden, werden sie nicht nachhaltig sein. Erst recht nicht bei Kindern und Jugendlichen, sofern ihnen die eigenen Kontroll- und Entscheidungsmöglichkeiten komplett genommen werden. Sie können auf diese Weise nicht lernen, selbst die Verantwortung zu übernehmen, sondern werden alle Probleme auf ihr äußeres Umfeld schieben, das dicke Menschen ablehnt, und im schlimmsten Fall werden sie zu unglücklichen, weiterhin massiv übergewichtigen Erwachsenen.

Zum Glück sind die Zeiten, in denen Kinder eine reine «Behandlungsmasse» waren, in Deutschland weitestgehend überwunden, und es wird bei angemessenen Behandlungsmethoden auch auf Eigenverantwortung und Selbstkontrolle gesetzt, aber das Gefühl der Ausgrenzung bleibt, und das kann bei der weiteren Persönlichkeitsentwicklung zur Verfestigung eines Gefühls der Minderwertigkeit aufgrund des Gefühls einer «dicken Persönlichkeit» führen.

## Motivationsgründe und Diätformen
## des Schizoiden

Der unter Übergewicht leidende Schizoide wird also – solange er kein Problembewusstsein und keine ausreichende Motivation hat – niemals dauerhaft abnehmen. Wenn er sein Leben drastisch verändert, muss er dafür nicht nur einen guten Grund haben, sondern die Belohnung muss erstrebenswert sein. Eine kleinere Kleidergröße reicht da nicht aus, zumal er sich nicht von der Anerkennung seiner Mitmenschen seelisch ernähren kann, wie es anderen Charaktertypen möglich ist. Dem Schizoiden sind die Meinungen seiner Mitmenschen schlichtweg gleichgültig.

Aber wie kann der schizoide Charaktertyp dann tatsächlich an Gewicht verlieren? Wenn ihm die Selbstkontrolle für eine Reduktionsdiät fehlt und er zugleich kein ausreichendes Problembewusstsein hat?

Für den schizoiden Charaktertyp sind Diätformen ideal, bei denen er nicht das Gefühl hat, sich während der Essensaufnahme einschränken zu müssen. Er wird also beispielsweise mit einer Low-Carb-Diät oder ihrer Maximalvariante, der ketogenen Diät, am ehesten zurechtkommen, sofern er die Lebensmittel mag, die er währenddessen zu sich nehmen darf. Der Ansatz aller Diäten ist natürlich immer derselbe:

Weniger Energie aufnehmen, als man verbraucht. Während die klassischen Reduktionsdiäten einen nicht in der Wahl der Lebensmittel einschränken, aber dafür die Menge begrenzen, die man zu sich nehmen darf, funktionieren Low-Carb-Diät und ketogene Diät anders. Bei der Low-Carb-Diät werden Kohlenhydrate (die bekanntlich einen sehr hohen Kaloriengehalt haben) drastisch reduziert. Nudeln, Brot oder Süßigkeiten – stark kohlenhydrathaltige Lebensmittel – sind tabu. Stattdessen werden eiweißreiche Lebensmittel wie Eier, Fleisch, Fisch oder Milchprodukte bevorzugt. Der Vorteil dieser proteinhaltigen Nahrungsmittel liegt darin, dass sie ein länger anhaltendes Sättigungsgefühl hervorrufen. Manche Befürworter der Low-Carb-Diät schwören auch darauf, dass sie den Stoffwechsel antreibt, doch bewiesen ist das nicht. Letztlich funktioniert die Low-Carb-Diät dadurch, dass sie einem schlichtweg die kleinen Dickmacher für zwischendurch untersagt. Kein schneller Gang mehr zum Bäcker auf dem Weg zum Bahnhof, denn so gut wie alles, was der anbietet, ist tabu. Keine Schokolade mehr, keine Kartoffelchips, kein Nutella, keine Kekse, kein Kuchen und erst recht keine Torte.

Andererseits kann der Schizoide das Essen als Genussobjekt beibehalten, wenn er sich an die erlaubten Lebensmittel hält, und durch den geringeren Energiegehalt und das schnellere Sättigungsgefühl ohne eine direkt spürbare Einschränkung abnehmen. Anstatt Chips nascht er nun Beef Jerky, und statt der Pizza gönnt er sich vielleicht ein ordentliches Steak. Wenn er noch dazu in der Welt der Phantasie zu Hause ist, kann er sich dabei vielleicht in eine seiner Rollenspielwelten hineinphantasieren, oder er erinnert sich zurück an seine Kindheit, als er noch Indianer spielte oder auf einem Mittelalterfest überwiegend gebratenes Fleisch als Delikatesse zu sich nahm. Wenn dem erlaubten Lebensmittel eine neue Bedeutung im eigenen Erleben beigemessen wird, kann dies den Genussfaktor erhöhen und zu einer Umstrukturierung der festgefahrenen Gewohnheiten führen. Eine Diät, bei der man regelmäßig Speck und Rührei essen darf, kann für manche Menschen auch sehr erstrebenswert sein. Nur auf das Brot dazu muss im Zweifelsfall verzichtet werden.

Für den Schizoiden ist es hilfreich, seine Erlebnisse als Geschichten wahrzunehmen, sich vorzustellen, in eine andere Rolle zu schlüpfen. Und genau das kann wiederum bei einer besonderen diätetischen Ernährung hilfreich sein – wenn sie in die neue Rolle, die man im Spiel der eigenen Phantasie einnimmt, passt. Und das ist der große Vorteil des Schizoiden: Er hat Phantasie, und er ist kreativ. Genau das kann ihm helfen, seinen Genuss beim Essen auf andere Lebensmittel umzulenken, sofern er sich von der Menge her nicht übermäßig einschränken muss.

Zusammenfassend lässt sich festhalten, dass der Schizoide, der das Essen als soziales und verbindendes Übergangselement benötigt, leichter seine Ernährungsform umstellen kann, als die Nahrungsmenge gezielt zu verringern. Der Erfolg ist jedoch wie immer davon abhängig, ob er bereit ist, sich an alle Vorschriften der von ihm gewählten Diätform zu halten.

## Der dissoziale Persönlichkeitstyp
## und sein Abnehmverhalten

Der dissoziale Charaktertypus ist dadurch gekennzeichnet, dass er sich nicht an Regeln hält und ihm die Gefühle anderer herzlich egal sind. Er ist unfähig, aus Fehlern zu lernen, Bestrafungen prallen an ihm ab, und er sucht die Schuld für sein Fehlverhalten gern bei anderen. Gleichzeitig möchte er andere dominieren und ihnen seinen Willen aufzwingen.

Man findet den dissozialen Persönlichkeitstypus in seiner vollen Ausprägung häufig in Gefängnissen, allerdings kann eine maßvolle Ausprägung dissozialer Tendenzen durchaus hilfreich sein, sich im Alltag und Berufsleben mit der notwendigen – aber keinesfalls strafbaren – Rücksichtslosigkeit durchzusetzen. So begegnet man Menschen mit dissozialen Eigenschaften auch in der Politik oder im höheren Management.

Ob er nun dick oder dünn ist, ist dem Dissozialen ziemlich gleichgültig, sofern er durch sein Körpergewicht keine entscheidenden Nachteile hat. Er muss schon einen gewaltigen Vorteil daraus ziehen, wenn er sich bei seiner Verabscheuung von Vorschriften und Regeln, die er mit Vorliebe bricht, an irgendeine Diät halten sollte. Doch im Gegensatz zu den schon beschriebenen Charaktertypen speist sich seine Motivation zur Gewichtsabnahme aus sehr unterschiedlichen Zuflüssen. Selbstverständlich spielen auch hier körperliche Einschränkungen eine Rolle, aber bereits lange vorher entwickelt der dissoziale Typus ein Problembewusstsein für sein Übergewicht. Das hängt mit seinem Wunsch nach Macht und Dominanz über andere zusammen. Einen unbeweglichen Fettklops nimmt niemand ernst. Und während ein moderates Übergewicht – beispielsweise das eines Schwergewichtsboxers – noch hilfreich sein kann, um andere einzuschüchtern, macht ihn die morbide Adipositas zur Witzfigur, vor allem, wenn man ihn mit dem Michelin-Männchen vergleicht. Wenn jemand mit diesem Charakter dem gewalttätigen Unterschichtmilieu entstammt, kann er sich ab einer bestimmten Körperfülle nicht mehr ausreichend durchsetzen, sondern gerät schnell ins Schnaufen. Auch bei Einbrüchen oder Banküberfällen könnte es Probleme geben – nicht nur wegen seiner verminderten Beweglichkeit oder weil er schlechter durch irgendwelche Fenster klettern kann, sondern weil er auf der Flucht auch viel schneller identifiziert wird. An einen Zweihundert-Kilo-Bankräuber erinnert man sich eben viel leichter, und die Zielfahndung der Polizei wird vermutlich gar nicht erst zur Anwendung kommen, weil man den keuchenden Täter schon zwei Straßen weiter gestellt hat. Außerdem haben sportlich-durchtrainierte Typen einfach bessere Karrierechancen im kriminellen Milieu. Wer will schon mit einer leicht zu identifizierenden Fettmaschine einen ordentlichen Bruch oder sonstigen Coup drehen? Viel zu riskant. Auch ist das dissoziale Umfeld nicht für seine politische Korrektheit bekannt. Wer fett ist, wird gnadenlos verspottet (sofern er nicht stark genug ist, dem Spötter ordentlich die Fresse zu polieren – aber dazu muss er ihn erst mal erwischen, und mit fünfzig Kilo Übergewicht ist das nicht so leicht).

Da es dem dissozialen Charakter schwerfällt, sich an Vorschriften zu halten, sind Diätregeln sein natürlicher Feind.

An seinen Ernährungsgewohnheiten kann und will er nichts ändern, und auf das liebgewordene Bier möchte er selbstverständlich auch nicht verzichten. Eine gute Alternative findet sich beim Kraftsport und im Fitnessstudio, wo er seine Grundaggressivität ausleben kann. Nicht umsonst ist der Kraftraum in Gefängnissen ein beliebter Anlaufpunkt. Auf diese Weise wird nicht nur Fett verbrannt, sondern auch Muskelmasse aufgebaut, die wiederum dabei hilft, die eigenen Vorstellungen im wahrsten Sinne des Wortes mit Gewalt durchzuboxen.

Auch der Manager oder Politiker, der von dissozialen Tendenzen durchdrungen ist, liebt das Fitnessstudio – die aggressive Grundanspannung, die der Job so mit sich bringt, kann hervorragend durch körperliche Bewegung kompensiert werden, außerdem kann man in exklusiven Fitnessclubs, die nicht jeden aufnehmen oder dem Durchschnittsbürger schlichtweg zu teuer sind, interessante Kontakte pflegen und das eigene Netzwerk ausbauen oder Intrigen spinnen.

Eine recht ungesunde Art, Gewicht zu verlieren, die aber gerade unter Dissozialen sehr weit verbreitet ist, ist der Konsum von hartem Alkohol oder Drogen. Das Essen spielt dann keine besondere Rolle mehr und wird oftmals sogar vergessen. Der Genuss findet durch den Alkohol- oder Drogenkonsum statt, Nahrungsaufnahme wird zur lästigen Pflicht, weil man das Geld lieber in Stoff investiert und außerdem im ständigen Drogenrausch gar keine Zeit mehr zum Essen findet. Interessanterweise neigen viele Menschen, die ihre Alkohol- und Drogensucht erfolgreich überwunden haben, dazu, übergewichtig zu werden. Es kommt zu einer Suchtverlagerung – plötzlich ist das Essen der Genuss, der die Leere ausfüllt, sobald das Suchtmittel weggefallen ist. In abgeschwächtem Rahmen erlebt man das auch bei Menschen, die das Rauchen aufgegeben haben und danach oft mehrere Kilo zunehmen.

Sofern sich das Übergewicht des dissozialen Charakters im moderaten, wenig einschränkenden Bereich befindet, hat er keinen Grund, irgendetwas zu verändern. Und da er seiner Umwelt sehr schnell und unmissverständlich klarmacht, dass Spott oder Kritik ernsthafte Konsequenzen haben, wird er auch nicht sozial geächtet, sondern viel mehr gefürchtet – ein Gefühl, das er liebt, da er Furcht mit Respekt verwechselt.

## Motivationsgründe und Diätformen des Dissozialen

Was kann den Dissozialen nun tatsächlich zum Abnehmen motivieren, und wie sieht die ideale Diätform für ihn aus?

Auch wenn der Dissoziale sich nicht an gesellschaftliche Normen und Regeln hält, so ist er doch ein Rudeltier, das in seinen eigenen Kreisen nach den dort gültigen Regeln lebt und verkehrt. Sobald er den Eindruck hat, dass sein Körpergewicht ihm einen entscheidenden Nachteil im Kampf um die Vorherrschaft bringt, wird er seinen Körper genauso hart behandeln, wie er auch andere behandelt.

Das kann Sport bis zum Exzess sein, aber tatsächlich auch eine Suchtverlagerung – niemand ist so leicht für irgendwelche Abnehmpillen oder Wunderdrogen zu begeistern wie jemand mit dissozialen Anteilen, da ihn die Konsequenzen nicht scheren. Ob die Medikamente überhaupt zum Abnehmen geeignet sind oder ob sie schwerwiegende Nebenwirkungen haben, ist dem Dissozialen egal, sofern sie nur ansatzweise wirken. Beliebt sind Appetitzügler aller Art. Unter erfolgreichen Managern, die eine gewisse dissoziale Grundaggressivität brauchen, waren in den späten neunziger Jahren Antidepressiva mit appetitzügelnder Nebenwirkung ebenso beliebt wie spezielle Designerdrogen. Auch Kokain eignet sich zur Suchtverlagerung ebenso wie hochprozentiger Alkohol.

Den Dissozialen würde es auch nicht abschrecken, Bandwurmeier zu essen, um damit auf einfache Weise Gewicht zu verlieren. Es gab in der Vergangenheit tatsächlich eine skandalträchtige Firma, die Diättabletten auf den Markt brachte, die Bandwurmeier enthielten. Die Kunden waren begeistert und nahmen tatsächlich ab, da der Bandwurm einen großen Teil der Nährstoffe aufnahm. Allerdings hatten die Hersteller dieser hochwirksamen Pillen verschwiegen, worin der Wirkstoff tatsächlich bestand ...

Neben diesen höchst ungesunden Formen der Gewichtsreduktion ist der Sport eine gute Möglichkeit für den Dissozialen, ohne größere ernährungstechnische Einschränkungen Gewicht zu verlieren. Sowohl der schon erwähnte Kraftsport als auch der regelmäßige Besuch eines Fitnessstudios sind weit verbreitet, aber auch Mannschaftssportarten wie beispielsweise Fußball, in denen eine gewisse Grundaggressivität von Vorteil ist, sind beliebt und haben noch dazu den positiven Nebeneffekt, dass der Dissoziale hier im Mannschaftsgefüge auch Sozialverhalten lernt. Nicht umsonst wird

in der Jugendarbeit mit Problemkindern auf Mannschaftssportarten gesetzt.

Eine strenge Diät, die bestimmte Dinge ausklammert oder
sich aufs Kalorienzählen beschränkt, wird den Dissozialen
überfordern, da er sich an diese Regeln nicht halten kann.
Ebenso, wie er seine Umwelt permanent belügt, wird er auch
sich selbst belügen und auf keinen Fall streng Buch führen.
Lieber gibt er den Erfindern der Diät die Schuld, dass das alles
nichts taugt, als sich wirklich auf das Konzept einzulassen.
Eigene Fehler werden entweder komplett verleugnet oder
bagatellisiert. Da jeder Mensch über einige dissoziale Anteile
verfügt, ist der Selbstbetrug bei Diäten ohnehin das größte
Problem. Je stärker die Dissozialität ausgeprägt ist, umso un-
möglicher wird das Einhalten von Diätregeln.

Der Dissoziale wäre deshalb auch ein Kandidat für die
Adipositas-Chirurgie. Bei einer bariatrischen Operation entfernt man den Betroffenen einen Teil des Magens und gegebenenfalls auch noch des Dünndarms, sodass sie nur noch sehr
wenig Nahrung aufnehmen können. Manche Menschen glauben, diese Ultima Ratio sei die leichteste Form der Gewichtsabnahme, aber man muss sich klarmachen, dass es eigentlich
ein hochaggressiver und sehr verzweifelter Akt ist, zumal die
Betroffenen danach zeitlebens bestimmte Mikronährstoffe in
Tablettenform einnehmen müssen.

Es gibt selbstverständlich noch weitere medizinische In-
dikationen für bariatrische Operationen jenseits der dissozialen Abnehmpersönlichkeit, auf die im entsprechenden Kapitel noch ausführlich eingegangen wird. Aber gerade beim
dissozialen Abnehmtyp ist die Vorstellung weit verbreitet,

dass es einen leichten Weg gibt, wenn man nur mutig genug ist und vor keiner noch so schwerwiegenden Operation zurückschreckt. Dabei ist der dissoziale Abnehmtyp leider oftmals nicht wirklich in der Lage, die Konsequenzen einer derart schwerwiegenden Operation ausreichend abzuschätzen, denn er ist sich selbst gegenüber ebenso rücksichtslos wie seiner Umwelt gegenüber, wenn sein Körper sich weigert, das zu tun, was er von ihm verlangt.

Zusammenfassend lässt sich festhalten, dass der dissoziale Charakter beim Abnehmen entweder den Weg des geringsten Widerstandes sucht, ganz gleich, ob das schädliche Folgen für seinen Körper hat, oder das Abnehmen bei ihm letztlich ein Nebenprodukt sportlicher Betätigung oder eines ungehemmten Drogenkonsums ist. Das Abnehmen nach Diätvorschriften stellt den Dissozialen immer wieder vor nahezu unüberwindliche Hürden.

## Der histrionische Persönlichkeitstyp und sein Abnehmverhalten

Der histrionische Persönlichkeitstyp ist meist sehr gesellig und fröhlich. Er steht mit Vorliebe im Mittelpunkt, flirtet gern, ist dabei jedoch auch sprunghaft und legt sich nicht gern fest. Er liebt es, zu schauspielern und sich zu verkleiden – nicht immer im klassischen Sinne, sondern oft genug auch im übertragenen –, woher auch die wissenschaftliche Bezeichnung für diesen Typus resultiert. Histrionisch leitet sich vom griechischen Wort für Schauspieler ab. Es gelingt ihm sehr schnell, neue Freunde zu finden und dem Gegenüber das Gefühl zu geben, ihn perfekt zu verstehen und seine Interessen zu teilen, auch wenn dies gar nicht der Realität entspricht.

Auf das Abnehmverhalten kann sich dies in unterschiedlicher Weise auswirken. Da der histrionische Persönlichkeitstyp seinem Gegenüber gern gefallen möchte, ist er im Gegensatz zu den bislang beschriebenen Charaktertypen auch für eine Fremdmotivation zur Gewichtsreduktion empfänglich. Allerdings ist die Fremdmotivation nicht so stark wie die Eigenmotivation – eigentlich geht es ihm gar nicht darum, Gewicht zu verlieren und schlank zu sein, sondern lediglich um die Anerkennung durch den Partner oder die Umwelt. Solange der histrionische Persönlichkeitstyp bei seinen Diätbemühungen gelobt und jede erkennbare Gewichtsreduktion oder kleinere Kleidergröße positiv verstärkt wird, ist er bereit, alle möglichen Einschränkungen auf sich zu nehmen, um weiter an Gewicht zu verlieren. Doch wenn es sich um eine reine

Fremdmotivation handelt und die Anerkennung und das Lob irgendwann ausbleiben, wird dieser Persönlichkeitstyp in demselben Maße, in dem sich die Zuwendung verringert, unzuverlässiger im Einhalten seiner Diätvorschriften. Er ist der klassische Typus, der sich irgendwann sagt: «Ach, das Stück Schokolade, das ich im Büro angeboten bekomme, zählt doch gar nicht.»

Es geht ihm um Wohlbefinden und Genuss. Zwar kann er seinen Genuss aus verschiedenen Quellen ziehen, aber die Bestätigung muss konstant sein, und es fällt ihm nicht schwer, fehlende menschliche Anerkennung durch Süßigkeiten, ein gutes Essen oder herzhafte Snacks zu kompensieren.

Wesentlich wichtiger ist da die Eigenmotivation, die über den Wunsch nach sozialer Anerkennung hinausgeht. Körperliche Einschränkungen durch das Übergewicht sind der stärkste Motivator. Eine kleine Wohlstandswampe oder etwas üppigere und womöglich weiblichere Formen werden den histrionischen Charaktertyp kaum beeindrucken, geschweige denn dazu veranlassen, seinen Lebensstil zu verändern. Bei einer Adipositas per magna hingegen, die ihn aus vielen Unternehmungen ausgrenzt – beispielsweise, wenn er mit seinen Freunden keinen Campingurlaub mehr machen kann, weil er nicht mehr durch die Wohnwagentür passt oder die Betten unter seinem Gewicht zusammenbrechen –, gibt es nur noch zwei Alternativen: dauerhafter Verlust sozialer Interaktionen oder Gewichtsreduktion. Ab diesem Zeitpunkt kann er sich sein Gewicht beim besten Willen nicht mehr schönreden, und flapsige Witze über sich selbst ändern nichts an den Tatsachen. Das Körpergewicht ist zu einer echten

Behinderung geworden, und es gibt keinen anderen Ausweg mehr, als endlich abzunehmen.

Die körperlichen Einschränkungen, die den so geselligen histrionischen Charaktertypen zum Außenseiter machen, fangen oftmals schon viel früher an. Man denke nur an die Radtour, bei der er das Tempo seiner Freunde nicht mithält und somit zur Belastung für sie wird, sodass sie ihn nicht mehr einladen oder – schlimmer noch – derartige Ausflüge vor ihm geheim halten, um ihn nicht zu kränken. Da man in unserer Gesellschaft mittlerweile gelernt hat, dass es politisch unkorrekt und diskriminierend ist, jemandem zu sagen, er sei zu fett, werden die Freunde vermutlich Ausreden erfinden, anstatt ihn knallhart mit der Wahrheit zu konfrontieren. Vielleicht sind es aber auch echte, richtig gute Freunde, die ehrlich sind und sagen, was Sache ist. In dem Fall besteht eine Mischung aus Eigen- und Fremdmotivation. Gute Freunde sehen die Anstrengung und werden den histrionischen Abnehmtyp weiter motivieren, seinen Abnehmplan einzuhalten, aber zugleich verfügt er über genügend Eigenmotivation, die ihn durchhalten lässt, wenn das Lob einmal ausbleibt.

## Motivationsgründe und Diätformen des Histrionikers

Wenn der Histrioniker erkannt hat, dass er etwas verändern muss, neigt er als soziales Wesen dazu, sich einer Gruppe anderer Abnehmwilliger anzuschließen. Der Zusammenhalt in der Gruppe, das gemeinsame Lob, aber auch die sozialen

Interaktionen sind genau das, was er braucht. Gruppen wie Weight-Watchers sind ideal für ihn, vor allem, weil er dort auch einer sozialen Kontrolle unterliegt, wenn er mal wieder fünfe gerade sein lässt und es mit dem Punktezählen oder den Kalorienangaben nicht so ernst nimmt. Er braucht eine strukturierte Gemeinschaft, die ihn mit seinen Ausreden nicht durchkommen lässt. Denn der Histrioniker ist auch ein Meister der Ausreden, wenn seine Diät nicht funktionieren sollte. Das ist meist dann der Fall, wenn die Fremdmotivation vorherrscht. Dann neigt der Histrioniker dazu, sich selbst und andere zu beschummeln. Da werden schon mal ein paar Punkte oder Kalorien unter den Teppich gekehrt oder die gefühlte körperliche Bewegung etwas intensiver erlebt, als sie es tatsächlich war, und dann mit zusätzlichen Nährstoffen belohnt. Absolute Ehrlichkeit gegen sich selbst ist ihm nur bei ausreichender Eigenmotivation möglich, weil er nur dann erkennt, dass er sich mit dem Selbstbetrug lediglich selbst schadet.

Wenn die Motivation ausreichend groß ist, kommen für den Histrioniker im Prinzip sämtliche Arten der Gewichtsreduktion in Frage – so ist er sowohl in der Lage, sich auf Reduktionsdiäten einzulassen, in denen man alles essen darf, was man möchte, allerdings auf die Menge zu achten hat, er kann aber auch von Diätplänen profitieren, in denen man einen strengen Mahlzeitenplan einzuhalten hat, sowie von Spezialdiäten, die ihm bestimmte Nahrungsmittel verbieten, oder von Shake-Diäten. Sein Charakter gestattet es ihm, sich auszusuchen, womit er persönlich am besten zurechtkommt, weil er – sofern die Motivation stimmt – genügend Selbstdisziplin aufbringen kann.

Doch sobald die Motivation ihm nur ein kleines bisschen abhandenkommt, verpufft die Selbstdisziplin erstaunlich schnell. Das kann sich schon darin bemerkbar machen, dass der Histrioniker zwar noch nicht sein Zielgewicht erreicht hat, aber wieder in die kleinere Hosengröße passt. Das offensichtliche Ziel ist erreicht – die Hosen passen wieder. Warum jetzt noch um die letzten zwei oder drei Kilo kämpfen? Es ist doch alles in Ordnung, jetzt kann er wieder so wie vorher weitermachen.

An diesem Punkt besteht die größte Gefahr für diesen Charaktertypen, Opfer des Jojo-Effekts zu werden. Die Fähigkeit, nicht alles so ernst zu nehmen und stattdessen lieber regelmäßig fünfe gerade sein zu lassen und flatterhaft zu neuen Zielen aufzubrechen, verhindert nun, das angestrebte Zielgewicht tatsächlich zu erreichen. Er hat bemerkt, dass er viel erreicht hat, er hat sich dafür eingeschränkt – aber nun reicht es doch, oder? Warum noch mehr?

Von diesem Moment an neigt er zu Rationalisierungen wie: «Ich bin zufrieden, das ist alles, was zählt, ich will ja nicht magersüchtig werden.»

Sofern die Umstellung der Lebensgewohnheiten, die zunächst zur Gewichtszunahme führten, abgeschlossen ist, wird der Histrioniker vom Jojo-Effekt verschont bleiben. Aber wenn er die Gewichtsreduktion nur als kurze Unterbrechung im üblichen Lebenslauf betrachtet hat, wird er unweigerlich durch die Aufnahme des alten Lebensstils wieder zunehmen.

Ähnlich sieht es beim Sport aus. Wenn er sich für eine reine Gewichtsabnahme durch Sport entschieden hat, ohne dabei seine Ernährung umzustellen, wird sich der Effekt so lange zeigen, wie er sich körperlich betätigt. Ist die Sportart zum festen Bestandteil seines Alltags geworden, wird es keinen Jojo-Effekt geben. Problematisch wird es allenfalls dann, wenn es sich um eine saisonale Sportart handelt – also beispielsweise Radfahren oder Joggen in den Sommermonaten. In dem Fall wäre er jemand, der zum klassischen Winterspeck neigt, der im Frühjahr wieder abtrainiert wird.

Sollten körperliche Beeinträchtigungen oder Erkrankungen für einige Zeit dazu führen, dass der Histrioniker keinen Sport treiben kann, ist die Gefahr der erneuten Gewichtszunahme groß – es sei denn, er steuert rechtzeitig dagegen an und passt sein Essverhalten der verringerten Bewegung an. Meistens ist das jedoch nicht der Fall, denn gerade dann, wenn uns etwas fehlt, neigen wir dazu, diese Lücke durch andere Dinge zu füllen – und das ist in unserer Gesellschaft oft ein leckeres Essen mit Freunden oder das Knabbern vor dem Fernseher.

## Der zwanghafte Persönlichkeitstyp
## und sein Abnehmverhalten

Der zwanghafte Persönlichkeitstyp ist dafür bekannt, sich penibel an Regeln zu halten. Er ist ein überaus genauer, zuverlässiger Charakter, wenngleich er andere mit seiner Regeltreue schon mal zur Verzweiflung treiben kann, wenn er sich auch an jede noch so unsinnige Vorschrift hält – ganz unabhängig davon, ob deren Einhaltung kontrolliert wird oder nicht. Es gehört sich nun mal nicht, gegen Regeln zu verstoßen.

Das wiederum hat zur Folge, dass der zwanghafte Persönlichkeitstyp sich hervorragend an sämtliche Regeln der von ihm gewählten Diät hält. Allerdings erwartet er im Gegenzug auch, dass diese genau so funktioniert, wie es versprochen wurde. Wenn er also in einer Illustrierten auf eine neue Wunderdiät stößt, die einen Gewichtsverlust von zwanzig Kilo in zwanzig Tagen verspricht, wird der zwanghafte Charakter ausgesprochen verärgert reagieren, wenn dieses Versprechen nicht eingelöst wird, obwohl er doch sämtliche Vorschriften eingehalten hat.

Motivationsgründe zur Gewichtsreduktion findet der zwanghafte Charakter recht schnell. Wenn er in einer Gesellschaft lebt, in der es die Regel ist, auf sein Gewicht zu achten, wird er es selbstverständlich tun. Wenn sein Arzt ihm rät abzunehmen, um der Gefahr eines Herzinfarktes oder sonstiger Begleiterkrankungen vorzubeugen, kann man sich sicher sein, dass der zwanghafte Charaktertyp alles in die Wege leiten wird, um der Empfehlung seines Arztes nachzukommen.

Da er ein sehr genauer Mensch ist, wird er sich sorgfältig über sämtliche Formen der Gewichtsreduktion informieren und sein Leben entsprechend umstellen – oder es zumindest ernsthaft versuchen. Ein weiterer Motivationsgrund für den zwanghaften Charaktertypus kann der Wunsch sein, wieder in seine alten Kleidungsstücke zu passen. Wir können uns sicher sein, dass der zwanghafte Charakter in vielen Fällen nach wie vor gute Kleidungsstücke in seinem Kleiderschrank hütet, die ihm irgendwann zu eng geworden sind. Er hat niemals die Hoffnung aufgegeben, dass sie ihm irgendwann wieder passen könnten, wenn die Zeit reif ist. Außerdem waren sie ja viel zu schade zum Wegwerfen, und das, was man bei E-Bay dafür bekommt, ist einfach nur lachhaft! Der zwanghafte Charakter ist neben seiner Regeltreue auch für seine Sparsamkeit bekannt. Wenn er dann einen kleinen Schubs in die richtige Richtung erhält, setzt er alles daran, sich selbst zu beweisen, dass er sich an alle Abnehmregeln halten kann und bald wieder in die Hose passen wird, die er zuletzt zur Abiturfeier trug, auch wenn er mittlerweile längst seinen fünfzigsten Geburtstag gefeiert hat. Möglicherweise wurde die Hipster-Mode von zwanghaften Charakteren, die einfach ihren Kleiderschrank aufgeräumt haben, erfunden.

Allerdings gibt es auch ein paar Motivationshindernisse, die es dem zwanghaften Charaktertyp sehr schwer machen können, sich tatsächlich zur Gewichtsreduktion durchzuringen. Entscheidend ist hierbei sein Umfeld. Wenn er von Mitmenschen umgeben ist, die alles dafür tun, sein Vorhaben zu boykottieren (und sei es nur, weil sie selbst übergewichtig sind und nicht wollen, dass jemand anders ihnen beweist, dass Gewichtsreduktion möglich ist), wird er sich auch hier anpassen, denn in dem Fall ist er bereit, sämtliche Vorurteile, warum es angeblich unmöglich ist, sein Gewicht dauerhaft zu reduzieren, als Wahrheit zu akzeptieren. Er wird nach Regeln suchen, die beweisen, warum Kalorienzählen nicht funktionieren kann oder warum sein Stoffwechsel so zerstört ist, dass er sofort in den Hungermodus gerät. Besonders empfänglich sind dafür gemütliche, lebensbejahende zwanghafte Charaktere, bei denen der Genuss – sei es das Naschen allein oder das Essen mit Freunden – zu einem festen Ritual geworden ist, das man nicht durchbrechen kann. In diesem Fall ist wirklich von «nicht können» die Rede anstatt von «nicht wollen» – dieser Charaktertypus kann unter Umständen so stark in seinen Verhaltensmustern verstrickt sein, dass ihn jede Veränderung seines Rhythmus aus dem Gleichgewicht wirft und er zu einem derart einschneidenden Veränderungsschritt erst bereit ist, wenn der Nutzen der Gewichtsreduktion größer ist als der Preis, den er durch die Veränderung seines Lebenswandels zahlen muss.

Seine Schwierigkeiten können beispielsweise in liebgewonnenen familiären Ritualen begründet sein – man kocht zusammen und isst gemeinsam und genießt selbstverständlich. Wenn der Zwanghafte sich nun zur Gewichtsreduktion entschieden hat, muss er seine familiären Rituale nicht nur hinterfragen, sondern auch verändern, und das ist für ihn das größte Hindernis.

## Motivationsgründe und Diätformen
## des Zwanghaften

Wenn es sich um eine leicht ausgeprägte zwanghafte Persönlichkeit handelt, die sich anpassen und regelkonform handeln will, sind die Motivationsgründe wie bereits angeführt schnell gefunden. Aber was ist mit jenem Zwanghaften, der sich in täglichen, liebgewordenen Ritualen verstrickt sieht, die er nicht so ohne weiteres durchbrechen kann?

Sobald das Übergewicht ein Ausmaß erreicht hat, das ihn daran hindert, den Alltag normal zu bewältigen, wird es schwierig. Um Erfolg beim Abnehmen zu haben, muss der zwanghafte Typ einen Weg finden, wie die Gewichtsreduktion möglichst nebenbei erfolgen kann, ohne dass sie ihn zu sehr aus seinem täglichen, streng verplanten und regulierten Umfeld reißt.

Während der alleinstehende Zwanghafte sich im Grunde an alle Diätformen oder Sportprogramme halten könnte, fällt dies einem in ein Familiensystem mit festen Essgewohnheiten eingebundenen Menschen mit ähnlichem Charakter immens schwerer. Er kann keinen eigenständigen Diätplan befolgen, der ihn dazu zwingt, etwas anderes zu essen als seine Familie – das würde ihn in seinen Augen zum Außenseiter machen. Es ist für ihn ebenfalls schwierig, feste Sportzeiten zu etablieren. Vielleicht gelingt es ihm, das einen Monat lang durchzuziehen, aber spätestens in der fünften Woche wird er – zumal sich der Effekt der Gewichtsreduktion nur sehr langsam einstellt – in sein altes Verhalten zurückfallen. Dieser Charaktertypus gehört dann zu jenen, die viel Geld für ein

Fitnesscenter bezahlen, aber den Zwei-Jahres-Vertrag nicht ausnutzen, sondern so lange bezahlen, bis sie endlich kündigen können. Möglicherweise ärgert er sich über die Geldausgabe so sehr, dass er doch hin und wieder die Geräte nutzt, aber nicht in dem Umfang, dass es zu einer tatsächlichen Gewichtsabnahme führt.

Aus diesem Teufelskreis gibt es für den zwanghaften Persönlichkeitstyp mit familiären Verpflichtungen letztlich nur einen Weg: Er muss seine Nahrungsaufnahme reduzieren, um abzunehmen. Und hierbei hilft dem Zwanghaften tatsächlich eine Reduktionsdiät, die auf Kalorienzählen basiert. Allerdings nicht indem er es Diät nennt, sondern Anpassung der Nahrungsaufnahme. Da der Zwanghafte, wenn er sich erst einmal zum Abnehmen entschieden hat, tatsächlich regelkonform handelt, muss er sich zunächst einmal einen Überblick darüber verschaffen, was er tatsächlich jeden Tag zu sich nimmt und wie viel Energie in der Nahrung steckt. Weil Energie in Lebensmitteln in Kalorien bemessen wird, ist es für ihn hilfreich, seinen eigenen Grundumsatz und Energieumsatz auszurechnen. Dafür gibt es im Internet zahlreiche Rechner. Wenn er nun weiß, was er täglich verbraucht, muss er nur noch die aufgenommene Nahrung abgleichen und schauen, an welcher Stelle er Energie einsparen kann. Und das ist für jeden Menschen individuell unterschiedlich. Trinkt er gern kalorienhaltige Fruchtsäfte oder Cola? Oder ist er ein Freund von Bier oder Wein? Nimmt er gern reichhaltige Mahlzeiten zu sich, oder nascht er lieber?

Nach einer ausreichenden Selbstbeobachtung und Berechnung der aufgenommenen Kalorien kann nun Bilanz gezogen werden: Worauf kann ich am ehesten verzichten? Bin ich bereit, auf Mineralwasser oder Früchtetee auszuweichen, anstatt weiterhin hochkalorische Softdrinks oder Fruchtsäfte zu konsumieren? Kann ich auf das Glas Rotwein verzichten oder doch lieber auf die Schokolade? Schmeckt mir Obst als Ersatz für Süßigkeiten genauso gut? Kann ich meinen Kaffee statt mit fetthaltiger Kaffeesahne auch mit Magermilch trinken?

Oft sind es nur ein paar Kleinigkeiten, die angepasst werden müssen, aber bereits viele Kalorien einsparen. Der zwanghafte Typus muss sich nur bewusst werden, wo in der Nahrung sie versteckt sind.

Wenn der Zwanghafte sich auf diese Form der Diät einlässt und wirklich jede Mahlzeit penibel notiert und seine Nahrungsmittel bei Bedarf abwiegt, wird er nicht nur Erfolg haben, sondern auch das Gefühl, sich kaum einschränken zu müssen, da er weiterhin alles isst, was er möchte, aber zugleich die Kontrolle über die Menge behält. Er kann an jedem Familienessen teilnehmen, muss nur vorher überlegen, wie viele Kalorien er ungefähr zu sich nimmt und wofür er seine verbleibenden Kalorien bewusst ausgibt. Der Vorteil dieser Methode liegt darin, dass sich ein Verantwortungsgefühl für die eigene Ernährung einstellt und es auf lange Sicht zu einer gesunden Umstellung des Essverhaltens kommt. Wenn der Abnehmwillige sich ein moderates Kaloriendefizit setzt, sodass noch genügend Platz für Genuss und ein paar kleine Sünden vorhanden ist, dauert es zwar etwas länger, bis er die siebentausend Kalorien Energie, die ein Kilo Fett ausmachen, eingespart hat, aber er ist in Gedanken nicht ständig auf unerreichbare Leckereien fixiert, die er unbedingt wieder essen will, wenn die lästige Diät endlich vorbei ist.

Der Vorteil für diesen Charaktertypus liegt darin, dass er im Gegensatz zu anderen nicht zum Kontrollverlust neigt und sich wirklich daran halten kann, nicht mehr als das Erlaubte zu sich zu nehmen. Er muss sich nur erst einmal dazu aufraffen, seine Nahrungsaufnahme kontinuierlich zu hinterfragen und die Menge zu berücksichtigen.

Gewichtsreduktion ist nur möglich, wenn man sich an die Diätvorschriften hält – und die kann der Zwanghafte, wenn er von der Sache überzeugt ist, aus dem Schlaf heraus rezitieren.

## Der ängstliche Persönlichkeitstyp und sein Abnehmverhalten

Der ängstliche Persönlichkeitstyp leidet unter starker Selbstunsicherheit und der permanenten Angst, zurückgewiesen zu werden. Er fühlt sich anderen Menschen unterlegen und minderwertig. Deshalb saugt er sämtliche Schuldkomplexe, die ihm eingeredet werden, wie ein nasser Schwamm auf. Von anderen wird er deshalb als pflegeleicht und bescheiden wahrgenommen, schließlich steht er nicht für seine eigenen Rechte ein, sondern ordnet sich sofort aus Angst vor Zurückweisung unter. Durch dieses unterwürfige Verhalten, das er oft mit außerordentlicher Hilfsbereitschaft paart, hofft er, Anerkennung zu bekommen.

Ein solcher Mensch lässt sich natürlich leicht durch Kritik an seinem Äußeren verunsichern. Wenn ihm jemand sagt, er sei zu dick, wird er sofort hellhörig. Ist meine Beziehung in Gefahr? Wird mein Partner mich verlassen? Wird man mich als übergewichtigen oder gar fetten Menschen ausgrenzen? Die Angst vor Ablehnung ist so groß, dass der ängstliche Persönlichkeitstyp sofort alles tun wird, um seinem Gegenüber gefällig zu sein, denn mit den dicken Kindern spielt doch niemand!

Und so macht er sich auf die Suche nach der perfekten Diät. Da er aber selbst bei seiner Diätwahl anderen gefallen möchte, fragt er zunächst in seinem Bekanntenkreis nach, was man ihm empfehlen könnte. Und dann wird er sich jeder Abnehmform stellen, die man ihm andient – ganz gleich, ob sie ihm guttut oder nicht. Für ihn geht es nicht nur darum, schlank zu werden, um anderen zu gefallen. Nein, er muss auch auf genau die Art und Weise Gewicht verlieren, für die er von seinen Freunden die meiste Anerkennung bekommt oder am wenigsten abgelehnt wird. Sehr gern schließt er sich deshalb Gruppen an, die ein bestimmtes Diätprogramm gemeinsam durchziehen, nur um dazuzugehören. Es kann sein, dass er Dauerläufe hasst und trotzdem zu einem begeisterten Marathonläufer wird. Er ist bereit, sich zu schinden und Dinge zu tun, die ihm eigentlich nicht liegen, nur um nicht ausgegrenzt zu werden. Dabei spielt das tatsächliche Körpergewicht nur eine untergeordnete Rolle. Wenn er nämlich zufälligerweise eine Gruppe von bekennenden Adipösen treffen würde, die ihm sagen, dick ist schick und er solle sich so lieben, wie er ist, wird er mit genauso großem Enthusiasmus der Fat-Acceptance-Bewegung beitreten und jede Diät verteufeln. Hauptsache, er gehört irgendwo dazu. Frauen dieses Persönlichkeitstyps können dabei mehr noch als Männer zwischen den Extremen schwanken – von der drahtigen Marathonläuferin bis hin zur morbid-adipösen Partnerin eines Mannes, der sie mit Vorliebe füttert, da er auf fette Zweihundert-Kilo-Frauen steht.

Dem ängstlichen Persönlichkeitstypus geht es letztlich nur um das Gefühl des Dazugehörens, da er große Angst vor dem Verlassenwerden hat. Seine einzige Motivation ist soziale Anerkennung. Körperliche Einschränkungen durch das Übergewicht sind nebensächlich. Wenn er für sein Übergewicht Anerkennung bekommt, weil Dicksein in seinem Umfeld angesehen ist, wird er sich dem adipösen Ideal ebenso hingeben wie in einem gesundheitsbewussten Umfeld dem schlanken

Schönheitsideal. Die körperlichen Einschränkungen durch die morbide Adipositas nimmt er dann ebenso gelassen hin wie die Anstrengungen eines Marathonlaufs, auch wenn er das Laufen eigentlich hasst. Er wird sich so lange einreden, wie gut ihm diese Extreme täten, bis er es selbst glaubt und sie ein Teil seiner Selbst geworden sind.

Auf dem Weg zum Zielgewicht ist der ängstliche Persönlichkeitstyp jedoch mehr als andere Charaktertypen den Einflüsterungen unterschiedlicher Interessengruppen ausgesetzt. Solange er für sein Abnehmen gelobt wird, macht er motiviert weiter. Aber sollten die ersten kritischen Töne kommen – und sei es nur von Neidern, die nicht in der Lage sind, ebenso effizient abzunehmen –, wird er seine Diät oder sein Sportprogramm umgehend abbrechen, um nicht durch soziale Isolation bestraft zu werden.

Wenn der ängstliche Persönlichkeitstypus in einer Community aus glücklichen Dicken lebt, in der er sozial geachtet ist, wird er vermutlich so gut wie nie eine Motivation zum Abnehmen finden. Dazu schmeckt ihm das Essen einfach zu gut – und wozu soll man sich einschränken, wenn man keinen besonderen Nutzen davon hat?

## Motivationsgründe und Diätformen des ängstlichen Persönlichkeitstyps

Der ängstliche Persönlichkeitstyp wird also überwiegend durch äußere Motivation zum Gewichtsverlust animiert. Befindet er sich nun in einem sozialen Umfeld, in dem Übergewichtige mit Liebesentzug und Ausgrenzung rechnen müssen, bleiben ihm zwei Möglichkeiten: Entweder wird er versuchen abzunehmen oder aber – wenn er das nicht schafft – zum lustigen «Klischee-Dicken» mutieren, der über Witze auf seine Kosten lacht. Oft versucht er dabei sogar noch, diejenigen, die ihn entwerten, mit bösartigen Witzen über Dicke zu übertreffen. Auf diese Weise hofft er, die Kontrolle zu behalten – ich lache über mich selbst, ehe ihr mich auslachen könnt. Und jemanden, der so gut mit Selbstkritik umgehen kann, den wird man doch nicht ausgrenzen, oder?

Nicht umsonst gibt es das Klischee vom lustigen Dicken, der immer fröhlich ist. Dass er mit diesem scheinbaren Humor tatsächlich nur gegen die soziale Ausgrenzung kämpft, gesteht er sich nicht einmal selbst ein, sondern wird, wenn man ihn darauf anspricht, behaupten, dass er einfach sehr selbstbewusst sei und zu seiner Figur stehe. In Wirklichkeit ist das nicht der Fall. Wenn er wirklich zu seiner Figur stehen würde, hätte er es nicht nötig, sie ständig zum Thema zu machen – und sei es nur durch Witze –, denn dann wäre es völlig irrelevant, ob er dick oder dünn ist. Der wahre Mensch, der in der fetten Körperhülle versteckt ist, würde zählen, mit all seinen Interessen, seinem Einfallsreichtum und seinem Charme. Aber diesen Mut findet der ängstliche Persönlichkeitstyp nicht. Er hat nicht die Kraft, sich so zu zeigen, wie er wirklich ist, denn er hat sich selbst als unheilbar dick akzeptiert, sodass er gar nicht mehr daran glaubt, dass er etwas verändern kann. Und so kommt er den anderen lieber zuvor. Ehe sie ihn auslachen, macht er sich über sich selbst lustig und erntet dafür Anerkennung.

Wenn der übergewichtige Mensch nun zu einem erfolgreichen Kabarettisten oder Schauspieler wird, der auf seine Körperfülle angewiesen ist, um genügend Auftritte oder Rollen zu bekommen, wird er keinerlei Motivation mehr verspüren, sein Gewicht zu verändern. Er hat nun die soziale Anerkennung bekommen, die er immer wollte, er ist beliebt, und das, wofür man ihn früher verachtete, wurde zu seinem Markenzeichen.

Aber nicht jeder ängstliche Persönlichkeitstyp besitzt genügend Humor und Talent, um im Showgeschäft Karriere zu machen oder zumindest seinen privaten Bekanntenkreis ständig mit originellen Dicken-Witzen zu unterhalten. In diesem Fall bleibt ihm nur der Versuch, sein Gewicht dauerhaft zu reduzieren, um sein ohnehin kaum ausgeprägtes Selbstwertgefühl zu stärken.

Dabei stehen ihm erneut zwei Möglichkeiten offen: Entweder es klappt mit dem Abnehmen, und er erntet dafür endlich die langersehnte Anerkennung, oder aber der Versuch scheitert. Nun kann der ängstliche Persönlichkeitstyp einen weiteren Weg einschlagen, um soziale Anerkennung zu gewinnen – er kann den Kampf gegen die «Diätmafia» aufnehmen und die Schuld dafür, dass er dick ist, ins äußere Umfeld schieben. Wenn er Glück hat, findet er in seinem Umfeld genügend andere Menschen, deren Diäten gescheitert sind und mit denen er sich solidarisieren kann. Es gibt tausend Gründe, warum eine Diät misslingt oder der Abnehmratgeber nichts taugt. Der ängstliche Persönlichkeitstyp wird in diesem Fall zum Experten für «schädliche Diäten» oder die «verlogene Diätindustrie». Manchmal kann er das auch in humorvolle Satire verpacken und endlich als «lustiger Dicker» mit schwarzem Humor Erfolg haben.

Tatsächlich nimmt der ängstliche Persönlichkeitstyp am besten ab, wenn er erkannt hat, dass die Verantwortung für sein Gewicht bei ihm ganz allein liegt, und er bereit ist, etwas an seiner Ernährung und seinem Lebensstil zu verändern. Wenn er beispielsweise in einer Gruppe von Hobbysportlern anerkannt ist, wird er sich sämtlichen sportlichen Betätigungen mit Freude widmen – hier bekommt er Selbstsicherheit und Bestätigung. Er ist dann oft der gute Freund, mit dem man alles unternehmen kann und der alles mitmacht.

Wenn es um Diätformen geht, profitiert der ängstliche Typus am besten von solchen, die ihn nicht sozial ausgrenzen – also beispielsweise dem klassischen Kalorienzählen, bei dem er zwar alles essen und trinken darf, aber auf die Menge achten muss. Somit kann er sämtliche Einladungen bei Freunden annehmen und muss keine Angst davor haben, sie zu beleidigen, wenn er den Kuchen oder die Torte ablehnt – im Zweifelsfall hat er vorher den ganzen Tag noch nichts gegessen, damit die Kalorienbilanz am Ende des Tages stimmt. Auch bei Gruppen wie den Weight-Watchers wird er sich wohl fühlen, denn hier ist er einer von vielen und wird nicht wegen seines Gewichts verspottet oder sozial isoliert, sondern erhält Anerkennung für jedes verlorene Pfund Fett.

Vorgefertigte Diätpläne sind für diesen Typ nur dann machbar, wenn er alleinstehend ist und sich in seinem Essverhalten niemandem anpassen muss, denn er hat nicht den Mut, sich gemeinsamen Mahlzeiten zu entziehen. Die einzige Ausnahme wäre, wenn sein Umfeld ihm oft genug gesagt hat, er sei zu dick – dann kann er seine spezielle Diätform wie eine Trophäe vor sich hertragen und damit hausieren gehen, dass er nun endlich etwas ändern wird, weil seine Freunde ihn überzeugt haben. Da er in diesem Zusammenhang erneut soziale Anerkennung erfährt, verstärkt sich seine Motivation, das angestrebte Ziel zu erreichen.

Zusammenfassend lässt sich festhalten, dass der ängstliche Persönlichkeitstyp von allen Charaktertypen am stärksten für Fremdmotivation empfänglich ist. Sein Problem besteht allerdings darin, dass dies in beide Richtungen gehen kann, denn sollten ihm Neider oder «besorgte Freunde», wie sie sich gern tarnend nennen, einreden, er sei doch schon viel zu dünn, auch wenn er noch im übergewichtigen Bereich liegt, wird er aus Angst vor sozialer Isolation auch darauf hören, seine erfolgreiche Diät abbrechen und schlimmstenfalls dem Jojo-Effekt zum Opfer fallen.

## Der dependente Persönlichkeitstyp
## und sein Abnehmverhalten

Der dependente (abhängige) Persönlichkeitstyp ist dem ängstlichen Persönlichkeitstypus in gewisser Weise ähnlich, allerdings hat sein Verhalten andere Ursachen. Während sich der ängstliche Persönlichkeitstyp vor Zurückweisung und sozialer Isolation fürchtet, liegt das größte Problem der dependenten Persönlichkeit darin, dass sie nicht in der Lage ist, alltägliche Entscheidungen zu treffen, ohne ausgiebig den Rat und die Bestätigung anderer einzuholen.

Und so ist auch der dependente Persönlichkeitstyp sehr empfänglich für äußere Einflüsterungen. Im Fall einer morbiden Adipositas wird er natürlich erkennen, dass er Schwierigkeiten hat, sich zu bewegen, passende Kleidungsstücke zu bekommen und womöglich nicht mehr in jeden Kleinwagen passt. Aber bei geringer Adipositas, die ihn noch nicht weiter einschränkt, wird er sein Gewicht nur dann als Problem wahrnehmen, wenn er von außen darauf gestoßen wird. Allerdings neigt der dependente Persönlichkeitstyp dazu, dann erst einmal eine zweite, eine dritte oder auch eine vierzehnte Meinung einzuholen, sofern das Abnehmen mit Anstrengungen verbunden ist. Wenn er keine erkennbaren Nachteile durch das Übergewicht hat, wird er sich vermutlich nicht zum Abnehmen durchringen können. Im Gegenteil, er wird viel mehr Argumente sammeln, die gegen eine Gewichtsreduktion sprechen. Der dependente Persönlichkeitstyp wird alle Vorteile von moderatem Übergewicht kennen und sie problemlos auf massives Übergewicht übertragen. Er wird anführen, dass Übergewichtige gesünder sind, dass sie seltener Osteoporose bekommen, eine geringere Mortalitätsrate bei schweren Erkrankungen haben und, und, und ...

Im Großen und Ganzen ist der dependente Persönlichkeitstyp derjenige, der am schwersten zu motivieren ist – er muss viel mehr vor vollendete Tatsache gestellt werden, weil er sich selbst zu keiner Entscheidung durchringen kann. Falls er «nur» etwas zu dick ist und sein Leben ansonsten völlig in Ordnung ist, ist es nahezu unmöglich, ihn zum Abnehmen zu bewegen.

## Motivationsgründe und Diätformen der dependenten Persönlichkeit

Äußere Motivation funktioniert beim dependenten Persönlichkeitstyp am besten, wenn sie von seinem vertrauten sozialen oder familiären Umfeld kommt. Dabei darf es gern etwas autoritär zugehen – das schätzt der Dependente, denn wenn ihm jemand sagt, was er tun soll, muss er weder eine Entscheidung treffen noch die Eigenverantwortung für sich selbst übernehmen.

Wenn beispielsweise ein dependenter Ehemann zu dick ist, wird er gehorsam den von seiner Frau vorgelegten Diätplan einhalten. Wenn er sie liebt und ihr gefällig sein will, wird er auch nicht heimlich sündigen. Wenn er aber denkt: «Lass die Alte mit ihrem Schlankheitstick doch reden, ich esse heimlich, und was sie nicht weiß, macht sie nicht heiß», wird seine Frau sich wundern, dass er trotz Diät immer pummeliger wird. Er wird das selbstverständlich auf den Hungerstoffwechsel oder andere Diätmythen schieben und ihr gleichzeitig mit dem treuesten Hundeblick versichern, dass er sich genau an ihre Diät gehalten habe. Da es für seine Frau leichter ist, seinem treuen Blick und seinen Berichten über «Hungerstoffwechsel» zu glauben, anstatt ihn mit einer möglichen Lüge zu konfrontieren und ihre Ehe zu gefährden, wird sie sich über kurz oder lang mit seinem Übergewicht arrangieren. Möglicherweise wird sie sogar selbst eine Verfechterin all jener Theorien, die erklären, warum manche Menschen einfach nicht abnehmen können.

Diätunwillige dependente Ehemänner zum Abnehmen zu bringen ist eine der größten Herausforderungen in der Menschheitsgeschichte, an der bislang fast alle Frauen gescheitert sind.

Wenn es sich dagegen um eine übergewichtige dependente Frau handelt, wird sie sich mit großer Wahrscheinlichkeit an die verordnete Diät halten, da Frauen im Allgemeinen eitler in Gewichtsfragen sind. Falls ihr Mann derjenige ist, der ihr eine Diät nahelegt, obwohl sie eigentlich gar keine Lust zum Abnehmen hat, kann zweierlei passieren:

Entweder holt sie sich Rückendeckung bei ihren ebenfalls übergewichtigen Freundinnen, die ihr schon lange gesagt haben, dass der Mistkerl nichts taugt und sie ihn nun endlich verlassen sollte. Schließlich ist es die größte Beleidigung, die ein Mann äußern kann, wenn er seine Frau als «zu dick» bezeichnet. Falls ihre Freundinnen ihr auch gleich einen neuen Mann vorstellen, der dicke Frauen liebt, wird sie tatsächlich etwas in ihrem Leben ändern. Allerdings nicht ihr Gewicht.

Falls sie ihren Mann jedoch liebt und ihn nicht verlassen will, wird sie zur zweiten Lösung greifen: Sie legt ein ärztliches Attest vor, in dem steht, dass sie unter einer Stoffwechselstörung leidet. Dass in dem Attest tatsächlich nur steht, dass sie eine Fettstoffwechselstörung hat, was letztlich gar nichts mit der Möglichkeit des Abnehmens zu tun hat, sondern nur Folge des Übergewichts ist, ist irrelevant, da ihr Mann (sofern er nicht selbst Arzt ist) das Medizinerdeutsch nicht versteht. Damit ist das Thema Abnehmen vom Tisch – schließlich kann ein Mann von einer kranken Frau keine restriktive Diät verlangen. Sie als «zu dick» zu bezeichnen ist schon ein Sakrileg, aber ihr Leben in Gefahr zu bringen, damit sie einem überkommenen Schönheitsideal entspricht, wäre unverantwortlich und würde ihr nur beweisen, dass er sie nie geliebt hat.

Sollte die dependente Frau (dies gilt auch für den einsichtigen dependenten Mann) allerdings wirklich davon überzeugt sein, dass sie jetzt endlich abnehmen muss, kämen ihrem abhängigen Verhalten genaue Diätpläne zugute. Sie wird dann viel Freude daran haben, die neueste Diät irgendeiner einschlägigen Illustrierten auszuprobieren, die kleinen Mahlzeiten vorzukochen und in Tupperdosen für die Mittagspause auf der Arbeit zu verpacken. Da sie selbst nicht entscheiden muss, was sie wann kochen soll, sondern einem vorgefassten Plan folgt, ist sie glücklich – vor allem, wenn sich der erste Erfolg zeigt. Dependente Männer sind in der Situation oft zu faul zum Kochen, die packen in ihre Tupperdosen meistens Rohkost, weil es einfacher ist, seinen Kohlrabi klein zu schneiden, als aufwendig zu kochen.

Eine Reduktionsdiät mit Hilfe des Kalorienzählens überfordert dependente Persönlichkeitstypen – sie müssten dann ja viel zu lang überlegen und ausrechnen, was sie überhaupt essen dürfen. Soll ich meinen Tagesbedarf von 1500 Kalorien wirklich in 15 Schokoladenriegel investieren oder doch in Äpfel und Erbsensuppe? Fragen über Fragen, die einen dependenten Menschen an den Rand des Wahnsinns treiben können. Und so halten diese Menschen brav ihren zwölfwöchigen Diätplan ein, haben am Ende vielleicht tatsächlich zehn Kilogramm verloren und freuen sich.

Für diesen Charaktertyp wären auch Diätformen, die ganze Mahlzeiten durch Shakes ersetzen, ideal. Man bekommt alles vorserviert und muss sich um nichts kümmern.

Das Problem besteht darin, dass dieser Typus im Anschluss an seine Diät wie kein anderer den Jojo-Effekt zu fürchten hat. Da eine Diät, die streng nach vorgefertigtem Plan erfolgt, zu keiner nachhaltigen Umstellung der Ernährung führt und der dependente Persönlichkeitstyp große Schwierigkeiten hat, eigene Entscheidungen zu treffen, wird er nach Erreichen des Zielgewichts zu seinem gewohnten Essverhalten zurückkehren – und mit viel Pech innerhalb weniger Wochen nach Abschluss der Diät wieder bei seinem Ausgangsgewicht sein.

Eine Gewichtsreduktion durch Sport kann da wesentlich nachhaltiger sein, sofern der dependente Persönlichkeitstyp eine Sportart gefunden hat, die ihm Spaß macht. Besonders geeignet sind Mannschaftssportarten, da er sich dort auf seine Mannschaftskameraden verlassen kann und gleichzeitig motiviert ist, regelmäßig teilzunehmen, da man auf ihn zählt.

## Der narzisstische Persönlichkeitstyp
## und sein Abnehmverhalten

Der narzisstische Persönlichkeitstyp kann nicht zwischen Kritik an der Sache und Kritik an seiner eigenen Person unterscheiden. Er will immer der Beste und Schönste sein – wobei die Frage, was er als das Schönste empfindet, relativ ist.

Wenn der Narzisst in einem Umfeld lebt, in dem das äußere Erscheinungsbild entscheidend für die soziale Anerkennung ist, wird er alles dafür tun, diesem Ideal zu entsprechen. Ist das Ideal zufälligerweise eine füllige Rubensfigur oder lebt er in einem Land, in dem dicke Menschen als erfolgreich und wohlhabend angesehen werden, kann man ihn mit Diäten jagen. Warum sollte er sich von seinem Statussymbol trennen? Wenn der Narzisst in Japan ein erfolgreicher Sumo-Ringer ist, wird er die niedrigere Lebenserwartung der Sumo-Ringer gern für die soziale Anerkennung in Kauf nehmen.

Lebt er hingegen in der westlichen Welt, hat er zwei Möglichkeiten, um narzisstische Bestätigung für sein Aussehen zu bekommen: Entweder hat er die Idealfigur, für die ihn jeder bewundert, oder er ist ein vehementer Vertreter der Fat-Acceptance-Bewegung. In dem Fall erklärt er, dass Übergewicht genetisch bedingt ist, man ohnehin nichts dagegen tun kann, und kämpft für die soziale Anerkennung des Fettseins. Vielleicht tritt er auch in Talkshows auf oder macht Werbung für Mode in Übergrößen und stellt sein Übergewicht als Schönheitsmerkmal dar. In beiden Fällen ist der Narzisst zufrieden.

Wenn er jedoch in der Fat-Acceptance-Bewegung keine herausragende Rolle spielt, sondern nur in der dritten Reihe steht, weil ihm ein anderer adipöser Narzisst ständig die Schau stiehlt, muss er zwangsläufig nach anderen Wegen suchen, um Anerkennung zu erhalten. So kann aus einem Saulus der Fat-Acceptance-Bewegung ein Paulus der Schlankheitsindustrie werden. Er denkt sich: «Diesem Idioten werde ich es zeigen! Von wegen, dick ist schick. Wenn ich schon keine ausreichende Anerkennung für meinen reifen Umgang mit meinem Übergewicht bekomme, dann eben dafür, dass ich es geschafft habe, schlank zu werden. Und wenn ich dann schön und schlank bin und in Talkshows auftrete, wird der sich richtig ärgern! Von wegen Fat-Acceptance – ich werde allen beweisen, dass es nur seine Unfähigkeit und Faulheit war, die ihn daran hinderte, endlich abzunehmen!»

Neid und Ärger gehören zu den stärksten Motivationen für einen erfolglosen Narzissten. Und so wird er sich auf die Suche nach der für ihn perfekten Form der Gewichtsreduktion machen. Als Erstes wird er sein soziales Umfeld danach abklappern, ob er auf Leute trifft, die ihn bei seiner Absicht unterstützen. Man kann ihn also entweder bei Weight-Watchers-Sitzungen treffen, wo er sich bemüht, immer am meisten Gewicht zu verlieren, oder im Fitnessstudio, wo er versucht, den Kilos zu Leibe zu rücken. Vielleicht auch in der Badeanstalt, sofern er sich mit seinem Übergewicht in Badehose oder Badeanzug in die Öffentlichkeit traut.

Da der Narzisst immer gern in allem der Beste sein möchte und seine Selbstbestätigung daraus zieht, andere zu übertrumpfen, ist es für seinen Erfolg entscheidend, ob er die nötige Selbstdisziplin für seine gewählte Abnehmmethode aufbringt und bereits während des Abnehmens genügend narzisstische Bestätigung erhält. Je mehr er bewundert und gelobt wird, während er mit dem Abnehmen beschäftigt ist, umso erfolgreicher wird er die Kilos bekämpfen.

## Motivationsgründe und Diätformen des Narzissten

Wenn der Narzisst neben seiner klassischen Grundstruktur noch über ein paar zwanghaft-genaue Anteile verfügt, wird er mit einer Reduktionsdiät am besten zurechtkommen – Kalorienzählen erlaubt ihm, weiterhin am sozialen Leben teilzunehmen, aber den Überblick über die aufgenommene Nahrungsmenge zu behalten. Außerdem wird er stolz darauf sein, wenn er schnelle Erfolge erzielt, die seinem Umfeld positiv auffallen und ihm Komplimente einbringen.

Wenn ihm allerdings diese Selbstdisziplin fehlt, steht er vor einem großen Problem. Diäten sind per Definition mit Einschränkungen verbunden, Sport hingegen mit Anstrengung. Der Narzisst ohne Selbstdisziplin möchte eigentlich weder das eine noch das andere. Er will sein Ziel ohne viel Aufwand sofort erreichen. Deshalb gehört er zu den Typen, die lange Zeit auf der Suche nach der Wunderpille sind, bis sie letztlich feststellen, dass es die nicht gibt und womöglich bei der Adipositaschirurgie landen.

Da es genügend Ärzte gibt, die die Meinung vertreten, dass man ab einem bestimmten Gewicht nicht mehr auf herkömmliche Weise abnehmen könne, fühlt sich der Narzisst bestätigt. Er hat kein Problem mit seiner Selbstdisziplin, er hat eine Fettstoffwechselstörung oder sonstige Erkrankung, die es ihm schlichtweg unmöglich macht, mit einer Diät oder durch Sport abzunehmen. Und so wird die Adipositaschirurgie in den Augen eines Narzissten mit unzureichender Selbstdisziplin oft zum Allheilmittel. Wenn er Glück hat, erkennt die Krankenkasse seinen Antrag an, und es liegt tatsächlich eine medizinische Indikation für eine Operation vor. Wenn das nicht der Fall ist, neigt er dazu, die Operation selbst zu finanzieren – notfalls in irgendeinem exotischen Land, wo sie billiger ist.

Nachdem er sich der Operation unterzogen hat, gibt es zwei Möglichkeiten, um weitere narzisstische Bestätigung zu erlangen. Entweder erzählt er den Leuten davon, um mit seinen Erfahrungen zu prahlen, oder aber er verschweigt es einfach und tut so, als hätte er nur durch Diät und Sport abgenommen, um mehr Anerkennung zu ernten. Das ist insbesondere dann der Fall, wenn der Narzisst die OP in fernen Landen auf eigene Kosten finanzierte. Wenn er in Deutschland zu Lasten der Krankenkasse operiert wurde, ist er stolz darauf, weil er weiß, wie viele derartige Anträge abgelehnt werden. Doch er hat es geschafft – er hat nun schwarz auf weiß den Beleg dafür, dass er zu krank zum Abnehmen war. Es lag nicht an ihm und seiner fehlenden Selbstdisziplin, sondern einzig an seinem Körper, der einfach zu krank für eine normale Diät war. Aber da haben die Ärzte ihm ja nun geholfen.

Wenn der Narzisst seine Anerkennung daraus zieht, dass er von anderen für seine Erfahrungsberichte bewundert wird, kann es sein, dass er viele verschiedene Diäten ausprobiert und darüber berichtet – sei es als Journalist, der sich mit diesem Thema befasst, oder einfach nur im Bekanntenkreis. Er wird dann zum Diätexperten und weiß zu allem etwas beizutragen. Ob er tatsächlich abgenommen hat oder nicht, ist zweitrangig. Wenn er abgenommen hat, wird er die Methode, mit der er es geschafft hat, als die allein seligmachende verkaufen; wenn er dick geblieben ist, wird er intelligente Begründungen finden, warum es grundsätzlich unmöglich ist, mit diesen Diäten abzunehmen und warum Sport generell nicht funktionieren kann.

Wenn der Narzisst jedoch in jeder Hinsicht scheitert – also im schlimmsten Fall zu denen gehört, die selbst nach einer bariatrischen OP nicht abnehmen, weil sie sich im Rahmen eines Kontrollverlusts sogar Schokolade oder Karamellbonbons einschmelzen, um sie trinken zu können, da der Magen bei normaler Aufnahme von Schokolade und Bonbons zu schnell gefüllt ist, kann er in eine schwere depressive Krise geraten. Der Narzisst ist wie kein anderer Charaktertyp im Falle eines Scheiterns von einer schweren depressiven Dekompensation bedroht, die ihn sogar an den Rand des Selbstmordes führen kann. Alternativ neigt dieser Charaktertyp auch dazu, seinen Frust im Alkohol zu ertränken. In betrunkenem Zustand sieht die Welt nur halb so düster aus, und vielleicht bekommt er seine nächste Chance auf narzisstische Bestätigung und Anerkennung ja, wenn er bei der Gruppe der Anonymen Alkoholiker eine lange Trockenphase hinlegt und für andere da ist.

## JETZT GEHT ES ANS EINGEMACHTE: WELCHER ABNEHMTYP BIN ICH SELBST?

Sie haben jetzt einen groben Überblick über die verschiedenen Charaktertypen und ihre Schwierigkeiten beim Abnehmen sowie mögliche Motivationsgründe erhalten. Aber niemand von uns stellt einen Charaktertypus in Reinform dar. Und so gilt es, herauszufinden, welche Charaktereigenschaften Sie in sich vereinen, und daraus zu schließen, welcher Abnehmtyp Sie sind.

Auch wenn keine der Antwortmöglichkeiten einer Frage exakt auf Sie zutreffen sollte, entscheiden Sie sich bitte für die, die am ehesten Ihrem Denkmuster entspricht. Es gibt keine richtigen oder falschen Antworten – es geht darum, sich offen und ehrlich mit der eigenen Persönlichkeit auseinanderzusetzen, denn gerade im Bereich des Körpergewichts tendieren Menschen dazu, sich selbst und ihre Umwelt zu belügen. Selbst wer unverkennbar fett ist, neigt dazu, sein Gewicht um etliche Kilos nach unten zu korrigieren, obwohl es keine große Rolle spielt, ob jemand nun hundertfünfzig oder hundertsechzig Kilo auf die Waage bringt. Der Laie wird zudem gar keinen Unterschied erkennen. Selbst Menschen, die Normalgewicht haben, geraten oft genug in Versuchung, sich schlanker zu schwindeln, als sie sind.

An dieser Stelle sollte jeder, der schon mal über sein Gewicht gelogen hat, kurz innehalten und überlegen, warum er es getan hat. Warum neigen wir zum Lügen, wenn es um unser Körpergewicht geht? Und in welchen Situationen?

Wenn Sie zu denen gehören, die schon mal über ihr Gewicht gelogen haben und vielleicht sogar wissen, warum Sie das getan haben, versuchen Sie, dieses reflexhafte Lügen und die Suche nach der «politisch korrekten» Abnehmantwort im folgenden Test zu unterdrücken. Sie können nur dann etwas an Ihrem Gewicht ändern, wenn Sie sich selbst gegenüber ehrlich sind. Sie dürfen andere Leute gern weiter belügen, wenn Sie sich damit besser fühlen, zumal es den meisten Menschen völlig wurscht ist, was Sie wiegen (außer, es sind Narzissten, die mit Ihnen im Konkurrenzkampf liegen). Ihr Gewicht dürfte für die Menschheit allenfalls dann von Interesse sein, wenn es sich in einer Kategorie bewegt, in der Sie auf einen Platz im Guinness-Buch der Rekorde schielen.

**1.** Hand aufs Herz – haben Sie schon mal über Ihr Gewicht gelogen?

a) Nein, mich fragt ohnehin keiner.

b) Nein, ich weiß gar nicht, was ich aktuell überhaupt wiege.

c) Ja, immer dann, wenn es mir Vorteile brachte.

d) Nicht direkt gelogen, aber ein bisschen abgerundet habe ich schon ab und zu.

e) Ich rede nicht über mein Gewicht, denn es geht niemanden etwas an, auch wenn ich mein Gewicht aufs Gramm genau kenne.

f) Ja, weil ich mich für mein wirkliches Gewicht geschämt habe.

g) Ja, weil ich Angst vor Vorwürfen oder gutgemeinten Ratschlägen hatte.

h) Ja, weil ich nicht als fetter Versager wahrgenommen werden wollte.

i) Ich bin mit mir selbst im Einklang und definiere mich nicht über mein Gewicht.

**2. Glauben Sie, dass es einen mühelosen Weg zum Abnehmen gibt?**

**a** Natürlich, denken Sie, sonst hätte ich dieses Buch gekauft? Also her mit dem Geheimrezept!

**b** Ich weiß es nicht, ich bin allem gegenüber offen.

**c** Ich glaube, am einfachsten ist es durch eine Magenoperation, weil man dann von selbst weniger isst.

**d** Nein, denn man muss sich immer irgendwie einschränken oder mehr bewegen.

**e** Mit der richtigen Selbstdisziplin und einem ausgewogenen Diätplan ist alles halb so schwer.

**f** Für andere vielleicht, aber für mich ist es schwierig, weil Essen für mich noch weitere Funktionen erfüllt, als einfach nur satt zu machen.

**g** Ich glaube, in einer Gruppe, in der man sich gegenseitig motiviert und die Stange hält, könnte es am besten funktionieren.

**h** Im Leben wird einem nichts geschenkt – wer abnehmen will, muss hart dafür arbeiten, aber dazu bin ich bereit.

**i** Es ist mir gleichgültig, denn ich habe mich so akzeptiert, wie ich bin.

### 3. Worauf könnten Sie bei einer Diät am schwersten verzichten?

**a** Wenn es sein muss, kann ich auf alles zeitweise verzichten, allerdings nicht dauerhaft. Das liegt sicherlich auch an den künstlichen Geschmacksstoffen wie Glutamat, von denen wir durch die Industrie seit unserer Jugend abhängig gemacht wurden, damit wir immer mehr fressen und die uns immer mehr verkaufen können.

**b** Auf das Mundgefühl, irgendetwas zu naschen oder zu knabbern, wenn ich Appetit habe. In meinen Routinen sind bestimmte Tätigkeiten wie z. B. Fernsehen oder Kino mit dem gleichzeitigen Geschmackserleben von Popcorn o. Ä. verbunden.

**c** Auf das hemmungslose Schlemmen und den geselligen Kneipenbesuch mit den Freunden. Leider hat Bier auch Kalorien.

**X** Ich bin es gewohnt, zwischendurch in Stresssituationen etwas zu naschen, das brauche ich als Nervennahrung.

**e** Das gemeinsame Essen mit der Familie. Ich will da nicht wie ein Karnickel mit einem dürren Salatblatt am Tisch sitzen.

**f** Ich hätte Angst davor, ausgegrenzt zu werden, wenn ich bei geselligen Anlässen ständig angebotene Speisen mit Hinweis auf meine Diät ablehne.

**g** Ich hätte vor allem Angst, dass ich mich bei gemeinsamen Unternehmungen mit Freunden zum Brechen meiner Diät verleiten lasse, da ich sehr beeinflussbar bin.

**h** Diättechnisch könnte ich auf alles verzichten, mein Problem liegt darin, dass mich mein Umfeld aus Neid über meinen Erfolg ständig zum Brechen meiner Diät nötigen will.

**i** Ich möchte mein Leben so weiterführen, wie es ist, und auf gar nichts verzichten.

### 4. Was denken Sie, wenn Sie morbid-adipöse Menschen sehen?

**a** Da hat jemand nicht rechtzeitig die Notbremse gezogen, das ist unverantwortlich, vor allem, weil die Solidargemeinschaft für die Folgen mit erhöhten Krankenkassenbeiträgen aufkommen muss.

**b** Ich nehme meist gar nicht wahr, ob jemand dick oder dünn ist, weil das im Gespräch mit der Person sehr schnell unwichtig wird.

**c** Wo ist Greenpeace, um diese aufgeplatzten Wale zurück ins Wasser zu schieben? Ich finde es einfach ekelerregend, wenn die schon nach wenigen Schritten in ihrem Schweiß ertrinken und hilflos nach Luft japsen.

**d** Ich möchte zu gern wissen, wo die ihre Kleidung kaufen.

**~~e~~** Dagegen bin ich ja sogar noch gertenschlank! So weit darf es bei mir nicht kommen. Ich muss an meiner Selbstdisziplin arbeiten.

**f** Die Ärmsten, hoffentlich machen sich nicht alle Leute über sie lustig, die haben es ja schon schwer genug (im wahrsten Sinne des Wortes).

**g** Wie gut, dass ich niemanden mit diesem Gewicht in meinem Bekanntenkreis habe – mit denen kann man ja gar nichts mehr unternehmen, die passen ja weder ins Auto noch in den Wohnwagen.

**h** Ich mache heimlich ein Handyfoto und zeige es später meinen Freunden, um darzulegen, dass es immer noch schlimmer geht und ich niemals so fett werde, ganz gleich, was man über mich sagt.

83

**i** Ich freue mich, dass es noch Menschen gibt, die zu ihrem Gewicht stehen und sich nicht dem Schlankheitswahn verschrieben haben.

5. **Ihre Freunde legen Ihnen nahe, endlich mit Ihrer Diät aufzuhören, weil sie befürchten, dass Sie magersüchtig werden, obwohl Sie noch immer einen BMI von 27 (moderates Übergewicht) haben. Wie reagieren Sie?**

**a** Ich geige diesen sogenannten Freunden die Meinung, aber meist genügt bereits ein scharfer Blick.

**b** Meine Freunde würden so etwas nicht sagen, die interessiert mein Gewicht nämlich nicht.

**c** Das würde mir keiner sagen, denn alle würden meine Reaktion fürchten.

**d** Wenn meine Freunde mir sagen, dass ich gut aussehe, höre ich mit der Diät auf. Ein BMI von 27 ist doch super!

**e** Ich sage nichts weiter dazu, sondern mache weiter bis zu meinem Zielgewicht bei einem BMI von 24.3 – dann bin ich im guten, oberen Normgewicht und keinesfalls zu dünn.

(f) Ich bin verunsichert durch den Vorwurf, weil ich weiß, dass er blödsinnig ist, und frage mich, was meine Freunde mir wirklich sagen wollen.

(g) Falls ich mit einem BMI von 27 in derselben Gewichtsklasse wie alle meine Freunde bin, höre ich mit der Diät auf – schließlich will ich nicht aus dem Rahmen fallen.

(h) Ich nehme zur Kenntnis, dass ich von Neidern umgeben bin, die sich nur als Freunde ausgeben, aber mir meinen Erfolg nicht gönnen, und mache weiter, bis ich bei einem BMI von 22 bin, denn damit hat man statistisch gesehen die höchste und gesündeste Lebenserwartung.

(✗) Ich finde es richtig, dass man von seinen Freunden auf die Gefahren des Schlankheitswahns hingewiesen wird.

## 6. Welche Form des Abnehmens würden Sie spontan gern mal ausprobieren?

(a) Das ist egal, Hauptsache, es ist wissenschaftlich erwiesen, dass sie funktioniert und nicht einfach nur Geldschneiderei ist.

(✗) Eine Diät, bei der ich nicht hungern muss, sondern genügend essen kann.

**c** Eine, bei der ich nicht viel nachdenken muss und die möglichst von selbst funktioniert. Wie hieß noch mal diese Magen-OP, mit der Sigmar Gabriel so viel abgenommen hat?

**d** Eine Abnehmform, bei der ich Spaß habe – vielleicht mit viel Bewegung und nur moderater Ernährungsanpassung? Und eine kleine Sünde muss auch mal drin sein.

**e** Ich habe gern die Kontrolle über die Menge, die ich esse, aber ich möchte alles essen dürfen, was mir schmeckt. Für mich wäre Kalorienzählen optimal.

**f** Ich würde gern die Unterstützung einer Gruppe haben, in der alle dasselbe Ziel verfolgen.

**g** Ich habe am liebsten vorgefertigte Pläne, sodass ich nicht groß überlegen muss, was ich essen darf und was nicht.

**h** Eine Mischung aus Sport und den neuesten diätwissenschaftlichen Erkenntnissen wäre mir am liebsten.

**i** Ich habe mit Diäten schon lange abgeschlossen. Mein Körper weiß von selbst, was er braucht.

## 7. Was halten Sie vom Kalorienzählen?

**a** Ist ganz okay, wenn die Kalorienangaben wirklich stimmen, die uns die Hersteller liefern. Manchmal habe ich da allerdings so meine Zweifel.

**b** Ist mir zu anstrengend, alles zu notieren.

**c** Ich muss gestehen, dass ich dafür nicht zuverlässig genug bin.

**d** Ich neige dazu, mich selbst zu beschummeln und bestimmte Dinge unter den Tisch fallenzulassen.

**e** Eine tolle Methode, die es mir ermöglicht, alle meine sozialen Kontakte weiterzupflegen und überall mitessen zu können, notfalls esse ich vor einer Einladung am Abend den ganzen Tag nichts, damit ich noch meine volle Kalorienzahl zu mir nehmen kann.

**f** Ich neige zum Kontrollverlust und überschreite meine vorgegebene Kalorienmenge regelmäßig, deshalb taugt diese Methode nicht für mich.

**g** Ich neige dazu, mich von Freunden dazu verführen zu lassen, meine ursprüngliche Kalorienbeschränkung zu überschreiten.

**h** Damit habe ich kein Problem, ich kann mich zusammenreißen, auch wenn es manchmal schwerfällt.

**i** In meinen Augen fördert Kalorienzählen die Entwicklung von Essstörungen und Magersucht. Man sollte lieber auf seinen Körper hören, der weiß, was gut für ihn ist.

**8.** **Könnten Sie sich an einen vorgefertigten Diätplan halten, in dem genau vorgeschrieben ist, was man zu welcher Tageszeit pro Tag essen soll?**

**a** Ja, auch wenn es manchmal nervig ist.

**b** Nein, das ist mir zu anstrengend.

**c** Wenn mir jemand alles fertig vorsetzt, dann schon. Selber kochen ist nicht so mein Ding.

**d** Ich neige dazu, die Rezepte abzuwandeln, damit sie mir besser schmecken. Deshalb wirken solche Diäten bei mir nicht so besonders gut.

**e** Da ich berufstätig bin, habe ich keine Zeit, im Büro fünf komplizierte Diätmahlzeiten zuzubereiten. Und zu Hause will ich vernünftig mit meiner Familie essen.

**f** Das finde ich eine gute Möglichkeit, um den Überblick zu behalten. Außerdem ist es ja nur für eine gewisse Zeit.

**g** Ich könnte mir diese Methode gut vorstellen, wenn mir die Mahlzeiten schmecken und mein soziales Umfeld mitzieht. Vielleicht kann ich ja auch im Büro ein paar Kollegen dazu motivieren, dann können wir gemeinsam unsere Tupperschüsseln leeren.

**h** Ich hasse es, mich an derartige Diätpläne zu halten, die unnötig viel Arbeit machen und wenig bringen.

**i** Bei derart reglementierten Mahlzeiten würde ich ständig nur auf die nächste Mahlzeit lauern und den ganzen Tag ans Essen denken. Das ist nichts für mich.

9. **Was halten Sie von Diätformen, bei denen bestimmte Lebensmittel weggelassen werden müssen?**

**a** Wenn ich davon überzeugt bin und die Lebensmittel, die ich weglassen muss, nicht zu meinen Lieblingsspeisen gehören, könnte ich es mir gut vorstellen. Aber sind Sie sich sicher, dass das wirklich was nützt?

**b** Wenn ich von allem, was noch erlaubt ist, so viel essen darf, wie ich will, und keinen Hunger schieben muss, wäre das optimal für mich.

**c** Kommt darauf an, auf was ich verzichten muss. Zählt Alkohol auch zu den verbotenen Lebensmitteln?

**d** Da ich dazu neige, mich selbst zu beschummeln, ist das schwierig.

**e** Mit Selbstdisziplin geht zwar alles, aber eigentlich halte ich nicht viel davon, weil es mich zu sehr in meinem alltäglichen Leben und Genussempfinden einschränkt.

**f** Ich könnte das gut, ich stell mir einfach vor, ich wäre Allergiker, dann dürfte ich ja auch nicht alles essen. Meinem Hang zum Kontrollverlust kommt entgegen, dass ich die verbotenen Lebensmittel gar nicht erst einkaufe.

**g** Es kommt sehr darauf an, was ich weglassen muss. Wenn es Dinge sind, die in meinem Umfeld ständig konsumiert werden, könnte ich das nicht, dann würde ich mich zu leicht verführen lassen.

**h** Wenn es wissenschaftlich erwiesen ist und hilft, könnte ich das problemlos einhalten.

**i** Sofern es sich um ungesunde Dinge handelt, bin ich dazu bereit. Aber sinnlose Umstellungen oder komische Shake-Diäten sind Teufelszeug.

## 10. Wie stehen Sie zu regelmäßiger sportlicher Betätigung?

**a** ~~ Ich gehe ab und zu spazieren oder joggen. Mannschaftssportarten liegen mir nicht, ich muss etwas für mich allein tun.

**b** Zählen Videospiele als Sport?

**c** Ich mag vor allem Fußball (aktiv und passiv) und Bierkästenstemmen. Kampfsportarten und Krafttraining sind auch ganz okay, wenn gerade keine Fußballsaison ist.

**d** Ich versuche, mich regelmäßig zu bewegen, und habe Spaß am Sport, aber es klappt zeitlich nicht immer so, wie ich es mir wünsche.

**e** Ich habe einen Fitnessplan erstellt und halte den penibel ein.

**f** Ich mache ab und zu Gymnastik.

**g** Ich liebe Mannschaftssportarten und bin im Verein.

**h** Ich treibe immer den Sport, der gerade im Trend liegt, allerdings halte ich es nicht lange durch.

**i** Sport ist Mord.

## 11. Warum wollen Sie abnehmen?

**a** Ich habe das Gefühl, dass mich mein Übergewicht körperlich zu sehr einschränkt.

**b** Weil man mir gesagt hat, dass ich zu dick bin und das gesundheitsschädlich sei.

**c** Damit die Umgebung wieder Respekt vor mir hat und mich nicht ständig mit meinem Übergewicht aufzieht.

**d** Weil ich mir endlich wieder schicke Kleidung kaufen und nicht länger scheel angesehen werden möchte.

**e** Mein BMI ist nahe an der Adipositas, und ich habe schon körperliche Beschwerden. Es ist höchste Zeit, dass ich mich zusammenreiße.

**f** Weil mir die ewigen Dicken-Witze meiner Freunde auf die Nerven gehen. Ich lache zwar mit, aber es bleibt ein schaler Beigeschmack.

**g** Weil meine ebenfalls übergewichtige beste Freundin mir erklärt hat, wie schädlich Übergewicht ist, und mich dazu überredet hat, zusammen mit ihr eine Diät zu machen.

**h** Ich will allen beweisen, dass es kein Problem ist abzunehmen, sofern man den festen Willen dazu hat.

**i** Ich bin mit meinem Körper zufrieden. Ich habe dieses Buch nur aus Neugier in die Hand genommen.

## 12. Was erhoffen Sie sich vom Leben, wenn Sie Ihr Zielgewicht erreicht haben?

**a** Dass ich wieder so fit wie früher bin und in meine alten Hosen passe.

**b** Dass ich wieder das essen kann, was mir schmeckt, wenn ich endlich dünn bin.

**c** Dass mein Umfeld mehr Respekt vor mir hat.

**d** Dass ich wieder begehrenswert bin und in alle schicken Kleidungsstücke passe, die ich im Laden sehe.

**e** Ich nehme an, dass mein Leben danach genauso ist wie vorher, nur dass ich dünner bin.

**f** Ich hoffe, dass ich sozial anerkannter bin, wenn ich nicht mehr die Dicke vom Dienst bin.

**g** Keine Ahnung – vielleicht dass ich dann gesünder bin?

**h** Dass mich alle für meine Leistung bewundern. Vielleicht komme ich sogar ins Fernsehen?

**i** Ich erhoffe mir gar nichts.

### 13. Was denken Sie über den Jojo-Effekt?

**a** Ich weiß, dass es schwierig ist, das Zielgewicht zu halten, aber ich werde mich bemühen.

**b** Keine Ahnung, ich lasse es auf mich zukommen.

**c** Der kommt immer, das ist ein Naturgesetz, ich hoffe, es wird nicht so schlimm wie befürchtet.

**d** Ich versuche rechtzeitig entgegenzusteuern, wenn ich merke, dass ich wieder zunehme.

**e** Es gibt keinen Jojo-Effekt. Da ich während meines Abnehmens mein Essverhalten umgestellt habe, wird mir das nicht passieren, weil ich auch weiterhin auf eine ausgewogene und angemessene Ernährung achte.

**f** Ich habe Angst davor, dass ich mein Gewicht nicht lange halten kann, weil ich das im Bekanntenkreis auch schon oft erlebt habe.

**g** In meiner Abnehmgruppe wollen wir gemeinsam Gegenstrategien entwickeln.

**h** Ich werde allen beweisen, dass es kein Problem ist, das Gewicht zu halten. Der Jojo-Effekt betrifft nur Schwächlinge.

**i** Der Jojo-Effekt ist eine unbestreitbare Tatsache und hat mir meinen Stoffwechsel schon vor Jahren ruiniert. Seit ich weiß, dass ich trotz meines Übergewichts ein toller Mensch bin, können mir Diäten gestohlen bleiben – ebenso wie der Jojo-Effekt.

## Auswertung des Tests

Sie haben den Test erfolgreich abgeschlossen und sind jetzt neugierig, welcher Abnehmtyp Sie sind?

Bitte zählen Sie, wie oft Sie jeden einzelnen Buchstaben angekreuzt haben.

Wenn Sie einen Buchstaben nur einmal oder gar nicht angekreuzt haben, tragen Sie nichts von dieser Abnehmpersönlichkeit in sich.

Haben Sie einen Buchstaben zwei- bis fünfmal angekreuzt, haben Sie erkennbare Anzeichen dieser Abnehmpersönlichkeit, ohne dass sie Ihren Charakter vollständig dominiert.

Haben Sie einen Buchstaben sechsmal oder häufiger angekreuzt, ist das Ihr dominierender Abnehmcharakter.

Haben Sie zwei verschiedene Buchstaben sechsmal oder häufiger angekreuzt, sind Sie ein Mischtyp aus diesen beiden Abnehmtypen.

Haben Sie kein Merkmal häufiger als sechsmal gewählt, sind Sie ein Mischtyp aus allen Merkmalen, die sie zwischen zwei- und fünfmal angekreuzt haben.

## Abnehmtyp (a)

Dieser Typ weist viele Anteile der **paranoid-querulatorischen Persönlichkeit** auf. Wenn Sie in Ihrer Abnehmpersönlichkeit derartige Züge vorfinden, hegen Sie ein ausgeprägtes Misstrauen gegenüber sämtlichen Diätformen, allerdings sind Sie sich zugleich nicht sicher, ob es nicht vielleicht doch irgendwelche geheimen, neuen Erkenntnisse gibt, die die Diätindustrie vor Ihnen verbirgt.

Wenn Sie dieses Merkmal zwei- bis fünfmal angekreuzt haben, bringen Sie Wunderdiäten ein angemessenes Misstrauen entgegen, sind aber zugleich offen genug, darüber nachzudenken, ob an einer neuen Diät oder Trendsportart nicht doch etwas dran ist und sie zu Ihnen passen könnte. Wenn Sie wegen Ihres Gewichts sehr verzweifelt sind, haben Sie mit Sicherheit bereits den einen oder anderen Euro in derartige Produkte investiert. Sofern Sie erste Erfolge erkennen, haben Sie auch genügend Selbstdisziplin, sich an die Diätvorschriften zu halten. Allerdings ist Ihr Durchhaltewillen proportional vom Erfolg abhängig. Sollte der in einer angemessenen Zeit ausbleiben, sind Sie sehr schnell dabei, alles hinzuwerfen. Schließlich sind Sie kein Mensch, der blind jede Mode mitmacht, Sie wollen Beweise, ehe Sie bereit sind, Ihr Leben zeitweilig oder gar dauerhaft umzustellen. Und sollte eine Diät Sie enttäuschen, werden Sie zum härtesten Kritiker dieser Methode und jedem davon abraten, ebenso wie Sie – sollten Sie mit einer Methode Erfolg haben – dazu neigen, sie in den höchsten Tönen zu loben und mit geradezu missionarischem Eifer zu preisen.

Wenn Sie das Merkmal (a) sechsmal oder häufiger angekreuzt haben, gilt dies in besonderer Weise für Sie, da Sie nur wenige ausgleichende Anteile eines anderen Abnehmtyps in sich tragen. Sie müssen ausreichend motiviert sein, und Sie brauchen klar erkennbare Erfolge. Ohne sichtbaren Erfolg geben Sie binnen kürzester Zeit auf. Gleichzeitig könnte Ihr angeborenes Misstrauen Ihnen im Weg stehen, denn im Zweifelsfall kaschieren Sie damit Ihre Aversion gegen eine Umstellung Ihres Lebensstils, indem Sie behaupten, dass Diäten ohnehin nichts taugen.

Wenn Sie in jeder Suppe ein Haar finden, sollten Sie sich ernsthaft fragen, ob Sie wirklich abnehmen wollen oder ob Sie nur schlank sein möchten. Wenn Sie tatsächlich nur schlank sein möchten, ohne den Weg dahin auf sich nehmen zu wollen, sollten Sie sich fragen, was sich in Ihrem Leben ändern würde, wenn Sie dünn wären. Wären Sie gesünder? Könnten Sie sich besser bewegen? Könnten Sie wieder alten Hobbys nachgehen, die Sie aufgrund Ihrer Körperfülle aufgegeben haben?

Wenn Sie all das verneinen und keinen Vorteil im Schlanksein erkennen, gestehen Sie sich das einfach ein, anstatt sämtliche Methoden des Abnehmens schlechtzumachen – denn die können bei anderen Menschen durchaus funktionieren. Bei Ihnen klappt das nur deshalb nicht, weil Sie keine ausreichende Motivation haben. Sie wollen nicht den Preis zahlen und Ihr Leben dauerhaft ändern. Das ist okay, aber das ist letztlich Ihre persönliche Entscheidung, und zu der müssen Sie eigenverantwortlich stehen, anstatt all jene, die erfolgreich abnehmen, zu entwerten.

### Abnehmtyp (b)

Dieser Typ weist viele Anteile der **schizoiden Persönlichkeit** auf. Er zeichnet sich durch einen Rückzug von gefühlsbetonten, sozialen und anderen Kontakten aus sowie durch eine übermäßige Vorliebe für Phantasie, einzelgängerisches Verhalten und in sich gekehrte Zurückhaltung.

Wenn Sie die Antwort (b) zwei- bis fünfmal angekreuzt haben, erfüllt Essen für Sie eine Ersatzfunktion, die über das normale Sättigungsgefühl hinausgeht. Es geht Ihnen zum einen um den Genuss, zum anderen um den intensiven Reiz und das gute Gefühl, das ein leckeres Essen hinterlässt. «Essen ist der Sex des Alters», heißt es im Volksmund – beim schizoiden Charaktertypus trifft dieser Vergleich bereits in jüngeren Jahren zu. Essen ist Genuss, gemeinsames Essen ist die Form von Gemeinschaftserlebnis, die man am häufigsten genießt, und das Essen kann somit auch ein Ersatzobjekt werden.

Wenn Sie nur einige Anteile dieses Abnehmtyps in sich tragen, sind Sie zwar ein Genussmensch, der gerne und gut isst, aber Sie haben durchaus noch andere Strategien, um Gemeinschaft zu erleben, sodass das Essen seine Monopolstellung als größter Genuss und stärkster Reiz verliert. Dennoch sind Sie ein Mensch, der nicht gern hungert und dem es schwerfällt, sich drastisch einzuschränken. Wenn Sie einige zwanghafte Anteile in sich vereinen, können Sie sich vielleicht auf eine Reduktionsdiät einlassen, aber es wird Ihnen ungleich schwerer fallen als anderen Abnehmtypen. Sie brauchen das «Mundgefühl», sie wollen genießen. Ihr großer Vorteil liegt darin, dass Sie als Genussmensch verschiedene Formen der Speisegenüsse kennen, und so fällt es Ihnen leichter als anderen, bestimmte Lebensmittel wegzulassen und durch andere, die Ihnen ebenso gut schmecken, zu ersetzen. Warum müssen es unbedingt Kartoffelchips sein, wenn man ebenso gut kalorienarmen Aufschnitt wie Kassler oder Schweinebraten

ohne das kalorienreiche Brot naschen kann? Solange das gute
Gefühl beim Essen bleibt und Sie sich gesättigt fühlen, ist alles
in Ordnung. Je nachdem, welche anderen Abnehmtypen Sie
noch in sich tragen, können Sie sich Ihren Genuss vielleicht
auch durch sportliche Tätigkeiten holen. Ein paar Runden in
einer eleganten Therme zu schwimmen oder in einem kühlen
Bergsee, wo Sie Ihre Ruhe haben, macht Spaß und verbrennt
zudem überschüssiges Fett. Und im Sommer könnten Sie Ihr
gutes Mundgefühl durch Wassereis, das Sie selbst einfrieren
und das nur rund vierzig Kalorien pro Stück hat, erhalten.

Wenn Sie das Merkmal (b) sechsmal oder häufiger angekreuzt haben, ist es Ihnen relativ egal, was Ihre Mitmenschen über Sie denken. Externe Motivationen zum Abnehmen
funktionieren nicht. Der Wille zum Gewichtsverlust muss aus
Ihnen selbst heraus kommen. Nur wenn der Leidensdruck
durch Ihr Übergewicht groß genug ist, werden Sie überhaupt
bemerken, dass Sie dick sind. Wenn Sie deshalb zum Abnehmen bereit sind, funktionieren bei Ihnen vor allem jene Diätformen, die einem erlauben, von bestimmten Nahrungsmitteln so viel zu essen, wie sie möchten, ohne sich einschränken
zu müssen. Vielleicht stellen Sie sogar dauerhaft Ihre Ernährung um. Falls Sie es jedoch nur während einer Diätphase tun,
droht der Jojo-Effekt – Sie haben so lange tapfer durchgehalten, aber nun wollen Sie endlich wieder «richtig» essen. Wenn
Sie nicht aufpassen, haben Sie bald darauf wieder Ihr altes
Gewicht. Aber vielleicht kommen Sie dann irgendwann auch
zu dem Schluss, dass es überhaupt nicht so schlimm ist, wie
Sie dachten, und dass Schlankheit massiv überschätzt wird.
In dem Fall leben Sie glücklich und genussvoll weiter, und es

ist Ihnen völlig egal, was andere von Ihnen denken. Sollten Sie allerdings feststellen, dass Sie sich mit zwanzig Kilo weniger auf den Hüften und ohne Kugelbauch doch besser gefühlt haben, können Sie es ja noch einmal versuchen – den Weg kennen Sie nun – und diesmal darauf achten, dass Sie nicht wieder dem Jojo-Effekt zum Opfer fallen. Denn dieser ist kein Naturgesetz, sondern nur die Folge der Wiederaufnahme des alten, zum Übergewicht führenden Essverhaltens.

### Abnehmtyp (c)

Dieser Abnehmtyp trägt Anteile der **dissozialen Persönlichkeit** in sich. Menschen mit diesem Persönlichkeitstyp haben eine geringe Frustrationstoleranz. Zudem neigen sie dazu, andere für ihr eigenes Fehlverhalten zu beschuldigen oder billige Ausreden anzubieten.

Sollten Sie die Antwort (c) zwei- bis fünfmal angekreuzt haben, ist Ihr persönlicher Abnehmweg von Ihren anderen Charakteranteilen abhängig, denn Sie neigen dazu, Regeln nur dann einzuhalten, wenn sie Ihnen gefallen, und haben keine Skrupel, sie andernfalls zu brechen – insbesondere dann nicht, wenn es nur um Sie selbst und Ihren eigenen Körper geht. Es fällt Ihnen schwer, sich einem reglementierten Diät- oder Sportplan zu unterwerfen. Gleichzeitig sind Sie kein ängstlicher Typ. Sie sind bereit, Wagnisse einzugehen. Wenn es sein muss, probieren Sie riskante Medikamente, die ein zügiges Abnehmen versprechen. Falls Sie sich in einem Milieu bewegen, in dem es viel auf körperliche Durchsetzungskraft ankommt und Sie männlich sind, könnten Sie sich durchaus für Kraftsport oder Kampfsportarten (wobei Fußball in der heutigen Zeit oftmals auch als Kampfsport bezeichnet wird) begeistern, obwohl das mit körperlicher Anstrengung verbunden ist. Aber hier sehen Sie die Belohnung am Horizont – Muskelmasse ist besser als Fett, und wenn Ihnen jemand dumm kommt, haben Sie genügend Wucht hinter ihren handfesten Argumenten.

Wenn Sie die Antwort (c) mehr als fünfmal angekreuzt haben, sind Sie im Alltag jemand, der sich zwar gegen andere gut durchzusetzen weiß und sich die Butter nicht vom Brot nehmen lässt – aber das hat wiederum zur Folge, dass Sie die Butter selbst essen und in Hüftgold anlegen. Sie haben von klein auf gelernt, dass Sie für sich selbst sorgen müssen, da es sonst niemand tut. Also nehmen Sie sich, was Sie brauchen, ohne Rücksicht auf Verluste. Sofern Ihr Alltag sich überwiegend im Sitzen abspielt, haben Sie deshalb schon ein ganz beachtliches Übergewicht angesammelt. Und da Sie nichts hergeben wollen, neigen Sie dazu, Gott und der Welt die Schuld für Ihr Übergewicht zu geben.

Da Sie sich nicht an Regeln halten können, die etwas von Ihnen verlangen, muss Ihnen das Hüftgold buchstäblich entrissen werden. Entweder haben Sie einen Partner, der Ihnen das Essen portioniert zuteilt (wobei er dann allerdings auch das Telefon abschalten und Ihnen den Haustürschlüssel wegnehmen muss, damit Sie nicht heimlich den Pizzadienst anrufen), oder Sie entscheiden sich für Methoden, in denen etwas mit Ihnen gemacht wird, ohne dass Sie selbst handeln müssen.

Sie wären ein klassischer Kandidat für eine bariatrische Operation, bei der Ihnen ein Teil des Magens entfernt wird. Man braucht schon eine gewisse Mischung aus Verzweiflung und Mut, aber auch aus Rücksichtslosigkeit gegen den eigenen Körper, um sich einer derart schwerwiegenden OP auszusetzen. Aber Sie sind verzweifelt genug dazu, denn es fällt Ihnen leichter, regelmäßig Nahrungsergänzungsmittel einzunehmen, die durch die Reduktion des Magens und Dünndarms nicht mehr ausreichend aus der Nahrung aufgenommen werden können, als sich selbst ständig kasteien und einschränken zu müssen. Ihr Magen hat Ihnen nicht gehorcht, sondern wollte immer mehr – also haben Sie sich kurzerhand von diesem unzuverlässigen Zeitgenossen getrennt. Wäre ja noch schöner! Vor allem, wenn Sie sonst unter Kontrollverlust leiden, kann eine derartige Restriktion sehr hilfreich sein. Und wenn das Übergewicht sich in einem Bereich bewegt, in dem die persönliche Lebenserwartung – vor allem die Lebenserwartung in gesunden Jahren – drastisch sinkt, kann eine derartige Operation womöglich das kleinste Übel sein.

### Abnehmtyp (d)

Dieser Abnehmtyp enthält viele Anteile des **histrionischen Persönlichkeitstyps**. Wenn Sie die Antwort (d) zwei- bis fünfmal angekreuzt haben, sind Sie im Allgemeinen ein geselliger Typ, der auch mal fünfe gerade sein lässt und das Leben genießt. Es ist von Ihren weiteren Charaktermerkmalen abhängig, inwieweit Sie in der Lage sind, sich an strikte Diätvorgaben zu halten.

Da Sie ein geselliger Typ sind, könnten Sie sowohl in einer Gruppe abnehmen, aber auch im Sportverein Erfolge bei der Gewichtsreduktion erzielen – sofern Sie die richtige Sportart wählen. Am besten nehmen Sie ab, indem Sie die Abnehmmöglichkeiten, die sich aus Ihren verschiedenen Charaktereigenschaften ergeben, genauer prüfen. So sind Sie geradezu prädestiniert für eine Kombination aus Ernährungsumstellung oder Diät und körperlicher Bewegung.

Sollten Sie die Antwort (d) sechsmal oder häufiger angekreuzt haben, wird es schon etwas schwieriger. Die Tatsache, dass Sie gesellig sind und Ihr Umfeld durch Ihren Charme dominieren, kann sich sowohl positiv als auch negativ auswirken. Wenn Sie von der Sache überzeugt sind, werden Sie Ihr Umfeld dazu bewegen, ebenfalls an Gewicht zu verlieren, sei es durch Diät, Ernährungsumstellung oder gemeinsamen Sport. Sollten Sie selbst allerdings Schwierigkeiten haben, Ihr Leben umzustellen, und möchten Sie, dass im Grunde alles so bleibt, wie es ist, kann leicht das Gegenteil eintreten. Sie werden Ihr Umfeld, das möglicherweise abnehmmotiviert ist, dazu bringen, mit dem «überflüssigen Schlankheitswahn» aufzuhören und genauso engagiert für das Recht auf Übergewicht kämpfen wie im umgekehrten Fall für das Normalgewicht. Es ist letztlich eine Frage der Kosten-Nutzen-Relation. Wenn Sie mit Ihrem Leben zufrieden sind und keine erkennbaren Probleme haben, sind Sie auch nicht motiviert abzunehmen. Medizinische Statistiken, die Ihnen erklären, warum Ihr Leben mit Normalgewicht besser wäre, nehmen

Sie zur Kenntnis, aber Sie bringen sie nicht mit sich selbst in Verbindung. Gern führen Sie die Fehler von Statistiken an und werden aus dem Stand heraus ein paar berühmte übergewichtige Persönlichkeiten nennen, die trotz gegenteiliger Statistiken uralt geworden sind. Sollten Ihnen auf die Schnelle keine einfallen, wechseln Sie einfach das Thema und erklären, dass man dasselbe ja über das Rauchen gesagt habe, aber Kettenraucher und Altbundeskanzler Helmut Schmidt trotzdem sechsundneunzig Jahre alt wurde.

## Abnehmtyp (e)

Dieser Abnehmtyp weist viele Anteile des **zwanghaften Persönlichkeitstyps** auf. Dieser Typ liebt es, sich an Regeln zu halten, und braucht sie wie die Luft zum Atmen.

Wenn Sie diese Antwort zwei- bis fünfmal angekreuzt haben, besitzen Sie genügend Charakterstärke, sich an vorgegebene Regeln zu halten. Sofern Sie nicht durch andere Charaktermerkmale wie beispielsweise dissoziale oder histrionische Züge in Ihrer Regeltreue eingeschränkt sind, gehören Sie zu denen, die hervorragend mit Reduktionsdiäten klarkommen. Am liebsten sind Ihnen Methoden, bei denen Sie komplett die Kontrolle und den Überblick über den zu erwartenden Gewichtsverlust behalten. Daher sind Sie mit dem Kalorienzählen am besten bedient. Es kommt Ihnen sehr entgegen, dass Sie auf diese Weise genau wissen, dass 7000 eingesparte Kalorien ein verlorenes Kilogramm Fett bedeuten. Außerdem haben Sie zu keinem Zeitpunkt das

Gefühl, eine Diät zu machen, da Sie weiterhin alles essen dürfen. Sie kontrollieren Ihre Nahrungsaufnahme ja nur und setzen sich ein Limit.

Wenn Sie Ergebnis (e) sechsmal oder häufiger angekreuzt haben, werden Sie vermutlich am wenigsten Probleme mit der Gewichtsreduktion haben, da Sie in der Lage sind, wirklich jede Mahlzeit inklusive der Getränke aufzuschreiben, die dadurch aufgenommene Kalorienmenge zu bestimmen und sich gegebenenfalls zusätzliche Leckereien aufgrund eines ausgewogenen Sportprogramms zu genehmigen. Sie wären dann der klassische Typ, der sich überlegt, wie man am ehesten Kalorien einsparen kann – nur über die Nahrungsaufnahme oder durch Sport oder eine ausgewogene Mischung. Da sie ein Kontrollfreak sind, fühlen Sie sich auch während der Abnehmphase wohl und sind stolz darauf, wenn Sie sich an ihre Vorgaben gehalten haben. Sie betreiben die Umstellung Ihres Lebens mit Genuss, ohne sich dabei wirklich etwas zu versagen. Wenn Sie abends zum Essen eingeladen sind, sparen Sie eben tagsüber Kalorien ein, joggen noch eine Stunde oder fahren mit dem Fahrrad zur Arbeit. Sie haben begriffen, dass Sie selbst die vollständige Kontrolle über ihr Körpergewicht haben, und das Wissen um die 7000 Kalorien, die – sofern sie eingespart werden, ganz unabhängig davon, was die Waage anzeigt – ein verlorenes Kilogramm Fett bedeuten, lässt Sie durchhalten. Sie werden durch das Kalorienzählen endlich frei, denn auch wenn es andere nicht begreifen, Sie wissen, dass nur derjenige wirklich frei ist, der die Kontrolle über sich selbst und sein Leben hat – und das geht nur, wenn man die Regeln kennt. Und die Regeln um die benötigten Kalorien ihres Körpers zu kennen befreit Sie endgültig von der Sklaverei der Waage.

## Abnehmtyp (f)

Dieser Abnehmtyp weist viele Eigenschaften des **ängstlichen Charaktertyps** auf, der Angst davor hat, von anderen zurückgewiesen und ausgegrenzt zu werden.

Wenn Sie Ergebnis (f) zwei- bis fünfmal angekreuzt haben, sind Sie für Motivationen von außen empfänglicher als alle anderen Abnehmtypen. Ihre Angst vor Zurückweisung lässt Sie nach dem Normalgewicht streben, sofern Sie sich in einem Umfeld bewegen, in dem dicke Menschen als minderwertig betrachtet werden. Aber nicht nur Ihr unmittelbares soziales Umfeld aus Freunden, Kollegen und Familie spielt eine Rolle. Sie wären auch besonders empfänglich für Gesundheitsangebote, die Ihnen Ihr Hausarzt macht, wenn er Ihr Gewicht als ein Problem betrachtet. Denn sie möchten Ihrem Arzt beweisen, dass Sie ihn ernst nehmen, und wollen ihm gefällig sein, damit er sie wertschätzt. Gern würden Sie auch an einer Studie zum Thema Abnehmen teilnehmen, wenn man Ihnen dafür menschliche Zuwendung entgegenbringt (für finanzielle Zuwendung täten Sie es auch, aber das wäre eher nebensächlich).

Die Kehrseite der Medaille liegt darin, dass Sie sich andererseits ebenso schnell eine Diät oder einfach nur eine gesunde Lebensweise von Ihrem Umfeld ausreden lassen, wenn Ihre Freunde ebenfalls dick sind und Angst haben, Sie könnten nach Ihrem erfolgreichen Abnehmen alle anderen dazu nötigen, auch Diät zu halten und das Leben als gemütlicher Dicker aufzugeben. In dem Fall werden sie von Ihren dicken Freunden (die dann allerdings nur im wahrsten Sinne des Wortes dick mit Ihnen sind und von der übertragenen Bedeutung des Wortes keine Ahnung haben) als Bedrohung wahrgenommen. Wenn Sie es schaffen, zählen die alten Ausreden nicht mehr, deshalb muss alles dafür getan werden, dass Sie schön in der Linie bleiben und nicht aus der Reihe tanzen.

Sollten Sie noch genügend andere Charaktermerkmale in sich tragen, können Sie diesem äußeren Druck widerstehen, aber wenn Sie das Merkmal (f) sechsmal und häufiger angekreuzt haben, liegt es fast nur noch an Ihrem Umfeld, ob Sie Ihr Gewicht reduzieren oder nicht. Sie wollen um jeden Preis dazugehören. Wenn Ihr Partner nur auf schlanke Frauen steht, werden Sie selbstverständlich abnehmen. Sollte er eine Schwäche für morbid-adipöse Figuren haben, werden Sie sich auch diesem Diktum bereitwillig fügen, vor allem, wenn er gut kochen kann und Sie regelmäßig füttert.

Auch die Rolle als «lustiger Dicker» übernehmen Sie bei entsprechend humoristischem Talent bereitwillig. Sie entwerten sich lieber selbst, ehe andere Ihnen zuvorkommen. Damit ernten sie Anerkennung, und außerdem müssen Sie sich nicht ändern.

Wenn Sie sich von diesen äußeren Einflüssen frei machen können, sind Sie am besten in einer Abnehmgruppe von wirklich motivierten Menschen aufgehoben. Da Sie auch hier dazugehören wollen, werden Sie sich an alle aufgestellten Regeln zur Gewichtsreduktion halten. Natürlich ist die Versuchung groß, dass Sie sich von weniger motivierten Mitmenschen zum Brechen der Regeln verleiten lassen, wenn Sie gern die Anerkennung dieser Menschen wollen.

Sie sind leider ein schwankendes Rohr im Wind, dem die Anerkennung durch andere wichtiger ist als die eigene Gesundheit. Erst wenn Sie sich das bewusst machen und Ihr Umfeld entsprechend danach wählen, was Ihnen persönlich guttut, werden Sie einen nachhaltigen Erfolg beim Abnehmen erzielen.

Wahlweise könnten Sie natürlich auch zu dem Schluss kommen, dass Sie mit Ihren «dicken Freunden» sehr glücklich sind und Ihr Leben eigentlich ganz in Ordnung ist. Aber dann sollten Sie auch dazu stehen und sich klarmachen, dass es einzig Ihre Entscheidung ist. Sie wollen nicht abnehmen – das ist in Ordnung. Aber machen Sie sich klar, warum Sie nicht abnehmen wollen. Vielleicht stellen Sie fest, dass es gar nicht Ihre eigene Entscheidung ist und Sie in Wirklichkeit doch lieber schlank wären. Und dann können Sie etwas ändern.

### Abnehmtyp (g)

Dieser Abnehmtyp hat viele Charaktereigenschaften der **dependenten Persönlichkeit**. Ähnlich wie der ängstliche Typus suchen Sie die Nähe anderer, allerdings nicht aus Angst vor dem Alleinsein oder vor Zurückweisung, sondern weil Sie für sich allein ziemlich entscheidungsfaul – um nicht zu sagen entscheidungsunfähig – sind.

Wenn Sie Antwort (g) zwei- bis fünfmal angekreuzt haben,

ist es wie bei allen anderen Abnehmtypen davon abhängig, welche weiteren Merkmale Sie in sich vereinen. Sie haben allerdings einen großen Hang dazu, sich einer Peergroup anzuschließen, die Ihnen sagt, wo es langgeht. Sie wären hervorragend in einer Gruppe Abnehmwilliger aufgehoben, allerdings ginge es Ihnen dabei weniger ums Abnehmen als ums gesellige Beisammensein. Wenn Ihre Motivation nicht ausreichend ist, könnte es sein, dass Sie eine derartige Gruppe durch freundliche Akte, wie einen selbstgebackenen Kuchen zum Geburtstag des Gruppenleiters vorbeizubringen, torpedieren.

Wenn Sie dieses Merkmal sechsmal oder häufiger angekreuzt haben, werden Sie vermutlich keinen Kuchen vorbeibringen, da Sie sich nicht entscheiden könnten, ob Sie Ihrem Gruppenleiter eine Auszeit von der Diät mit einem leckeren Käsekuchen gönnen oder ob Sie lieber einen Magerquarkkuchen mit Stevia anstelle von Zucker backen sollen. Sie wären nun der freundliche Mitläufer, der sich an alle Regeln hält, sofern man Ihnen nicht sagt, dass Sie sie brechen sollen. Leider neigen Sie dazu, sehr schnell auf andere zu hören. Wenn Sie im Geiste schon mit der Versuchung hadern und Ihnen ein anderer die Absolution gibt (Ihnen beispielsweise erklärt, Sie müssten jetzt eine Tafel Schokolade essen, um aus dem «Hungermodus» herauszukommen, der Sie beim Abnehmen doch nur blockiert), sind Sie der Erste, der das tut. Und wenn Sie den Eindruck haben, dass es hilft, lassen Sie sich auch gern dazu verführen, Ihre Diät häufiger zu brechen.

Andererseits könnten Sie in einer Abnehmgruppe, die sich sportlichen Betätigungen verschrieben hat, sehr gute Fortschritte machen. Wenn Sie beispielsweise in einer Wander-gruppe sind, werden Sie alles dafür tun, um nicht den An-schluss zu verlieren. Sie wollen auf keinen Fall auf sich allein gestellt in der Wildnis zurückbleiben, selbst wenn es sich bei der Wildnis um die City Ihrer Heimatstadt handelt. Sie sind ein Herdentier, das dem Leithammel folgt, und jede Sportart, in der man einem Leittier folgt, ist ideal für Sie, zumal man beim Wandern und Laufen viele Kalorien verbrauchen kann. Beim Schwimmen im Hallenbad wird das schon schwieriger, denn ob Sie dort tatsächlich eine Stunde lang Ihre Bahnen ziehen oder lieber gemütlich im Whirlpool chillen, hängt sehr von Ihrem Umfeld ab. Sie überlassen die Entscheidung gern anderen. Umgeben Sie sich deshalb also am besten mit zwanghaften Charakteren, die alle Regeln einhalten und Sie dazu nötigen, es Ihnen gleichzutun. Dann wird sich der Erfolg auch einstellen. Meiden Sie hingegen histrionische oder dis-soziale Charaktere, die gern Regeln umgehen oder sie ganz gezielt brechen – denn dann werden Sie am Ende Ihrer Diät zwar auf eine lustige Zeit mit viel Genuss zurückblicken, al-lerdings auch ein paar Kilo mehr als vorher auf dem Fettdepot in Form von Hüftgold angelegt haben.

## Abnehmtyp (h)

Dieser Abnehmtyp hat viele Anteile des **narzisstischen Persön-lichkeitstyps**. Da diese Menschen sich ihre Selbstbestätigung von außen holen und mit Kritik nicht gut umgehen können, achten sie sehr darauf, wie sie auf andere wirken.

Wenn Sie die Antwort (h) zwei- bis fünfmal angekreuzt haben, reagieren Sie sehr empfindlich, wenn Sie jemand negativ auf Ihre Figur oder gar Ihr Körpergewicht anspricht. Sie grübeln dann stundenlang, ob wohl etwas dran sein könnte oder ob es sich bloß um einen böswilligen Scherz handelt. Sie haben nun zwei Möglichkeiten, um zu Ihrem seelischen Gleichgewicht zurückzufinden: Entweder Sie nehmen ab, oder Sie stehen zu Ihrem Gewicht.

Wenn Sie sich für das Abnehmen entscheiden, sind für Sie sämtliche Methoden geeignet, bei denen Sie anderen Ihre Erfolge präsentieren können. Entweder in geleiteten Gruppen, in denen Sie sich bemühen, Klassenbester zu sein, oder aber im Sportverein, wo Sie sich ebenfalls in mehr oder minder freundschaftlicher Konkurrenz messen können. Je nachdem, welche anderen Charakterzüge bei Ihnen ausgeprägt sind, sollten Sie sich die daraus am besten kompatible Abnehmform zusammenstellen.

Sollten Sie die Antwort (h) sechsmal oder häufiger angekreuzt haben, ist der Konkurrenzgedanke beim Abnehmen besonders stark ausgeprägt – oder wahlweise das Gefühl, zu seinem eigenen Übergewicht stehen zu müssen und für ein neues, übergewichtiges Schönheitsideal zu kämpfen.

Sie neigen, um schnellen Erfolg zu haben, auch zu gefährlichen oder gar schädlichen Abnehmformen. Tabletten, die starke Nebenwirkungen haben, würden Sie nicht abschrecken, ebenso wenig wie eine einseitige Diät oder gar eine komplette Nulldiät, sofern Sie damit Aufsehen erregen können. Sie würden schlichtweg alles tun, um ins Gerede oder gar ins Fernsehen zu kommen. Eine von Fernsehkameras begleitete bariatrische Operation ist für Sie ebenso eine Option wie die bewusste Applikation von Bandwurmeiern oder die übermäßige Einnahme von Schilddrüsenhormonen – wobei Letzteres tödlich wirken kann. Abnehmshows im Fernsehen sind wie für Sie gemacht, denn Sie setzen wirklich Ihren ganzen Ehrgeiz ins Gewinnen und können am Schluss womöglich tatsächlich auf einen neuen Traumbody, Werbeverträge und eine anständige narzisstische Bestätigung blicken.

Sie sind auch der klassische Charakter, der aus lauter Eitelkeit mit Abführmitteln oder Diuretika (entwässernden Mitteln) arbeitet, falls die Waage zu viel anzeigt. Dass Sie damit nicht dem Fett zu Leibe rücken, ist nebensächlich. Hauptsache, Sie haben auf der Waage Erfolg und ernten Anerkennung – ganz gleich wofür.

### Abnehmtyp (i)

Bei diesem Abnehmtyp handelt es sich um keinen klassischen Charaktertypus, sondern eine Subsumierung der beliebtesten Ausreden von sämtlichen Charaktertypen, die an einer Diät gescheitert sind.

Wenn Sie die Antwort (i) zwei- bis fünfmal angekreuzt haben, sind Sie an einem Scheideweg angelangt. Eigentlich wollen Sie etwas verändern, aber Sie sind so oft gescheitert, dass Sie anfangen, sich mit Ihrem Gewicht zu arrangieren. Doch noch haben Sie Hoffnung, denn sonst hätten Sie sich dieses Buch nicht gekauft. Überlegen Sie sich also nochmals in Ruhe, welche anderen Charaktermerkmale auf Sie zutreffen und ob es vielleicht nicht doch eine Abnehmform geben könnte, die zu Ihnen passt.

Wenn Sie diese Antwort sechsmal oder häufiger angekreuzt haben, haben Sie dieses Buch vermutlich geschenkt bekommen oder aus reiner Neugier in die Hand genommen, um es später in der Kritik zu verreißen. Sie haben sich in Ihrem Übergewicht gut eingerichtet und erleben jeden, der Ihnen das Gegenteil sagt, als Bedrohung Ihres mühsam aufgebauten neuen Selbstbewusstseins als dicker Mensch. Tatsächlich sollten Sie stolz darauf sein, wenn es Ihnen gelungen ist, mit Ihren persönlichen Defiziten umzugehen. Wenn Sie sich dem Kampf gegen die Kilos nicht länger stellen wollen, sondern selbstbewusst zu dem stehen, was Sie sich durch hartes Sparen auf der Fettbank im Hüftgolddepot erarbeitet haben, ist das völlig in Ordnung. Kaufen Sie sich lieber ein paar schicke Klamotten in Übergröße, in denen Sie sich wohl fühlen, und leben Sie Ihr Leben ohne Einschränkung. Es ist nicht schlimm, dick zu sein, aber es ist ebenfalls nicht schlimm, wenn man abnehmen möchte. Alles ist in Ordnung, solange man sich selbst wohl fühlt.

Allerdings sollten Sie auch nicht auf die Diätindustrie oder schlanke Menschen schimpfen. Das steht Ihnen nicht und sieht nur so aus, als wären Sie neidisch – ganz so wie der Fuchs in der Fabel, der über die sauren Trauben schimpft ...

# VORAUSSETZUNGEN
## ZUM GESUNDEN ABNEHMEN

Jetzt haben Sie schon einiges über die verschiedenen Abnehmtypen gelernt und herausgefunden, welche dieser Anteile Sie in sich vereinen und welche Abnehmformen bei Ihnen am ehesten Erfolg versprechen könnten.

Aber vom Verstand her etwas zu begreifen bedeutet noch lange nicht, dass man es auch umsetzen kann. Wir können noch so motiviert sein, doch unsere Versuche, Gewicht zu verlieren, sind nur dann von Erfolg gekrönt, wenn es uns gelingt, uns ein Umfeld zu schaffen, in dem wir auch tatsächlich in der Lage sind, unsere guten Vorsätze umzusetzen. Die meisten Abnehmwilligen scheitern daran, dass sie zu viel von sich erwarten und zu schnelle Erfolge herbeisehnen. Zudem wird der soziale Aspekt des Essens und des Genusses meist unterschätzt.

Was machen wir, wenn uns der Heißhunger oder die reine Gier nach etwas Bestimmtem, das wir eigentlich meiden sollten, übermannt? Viele Diätratgeber empfehlen, man solle, wenn man Appetit auf Schokolade habe, stattdessen einen Apfel essen. Aber mal ganz ehrlich – wer Appetit auf Schokolade hat, will doch keinen Apfel essen. Das wussten wir doch schon als Kinder. Was für ein blödes Angebot, wenn Mutti uns mit Obst kommt, aber die Kinderschokolade nicht rausrückt. Selbst wenn wir uns als erwachsene Abnehmwillige an diese gutgemeinten Ratschläge halten, kann es passieren, dass wir drei Äpfel essen, aber das tiefsitzende Verlangen nach Schokolade bleibt. Entweder haben wir danach schlechte Laune, oder wir essen so viele Äpfel, bis uns schlecht wird (und wir die Kalorienzahl, die Schokolade hätte, in Äpfeln zu uns genommen haben), oder wir verlieren nach drei Äpfeln doch noch die Selbstkontrolle und essen die Schokolade zusätzlich. Was dann zur Folge hat, dass wir letztlich viel mehr Energie aufgenommen haben, als wenn wir uns gleich die Schokolade gegönnt hätten.

Kommt Ihnen das bekannt vor? Sind Sie in der Vergangenheit wiederholt an dieser Hürde gescheitert? Je verbotener etwas ist, umso größer wird die Gier, bis sie unser gesamtes Denken bestimmt. Je restriktiver Ihre Diät ist, umso eher werden Sie dem unstillbaren Appetit als schärfstem Gegner Ihrer Traumfigurwünsche in die Falle gehen. Wenn Sie um dieses Problem wissen, sollten Sie das bei der Planung Ihrer Diät berücksichtigen. Dabei gilt es grundsätzlich vorab zu klären, ob Sie zu Heißhungerattacken mit Kontrollverlust neigen oder ob Sie selbstdiszipliniert genug sind, sich an Ihre selbstgesteckten Vorschriften zu halten.

Bleiben wir beim Beispiel mit dem plötzlichen Appetit auf Süßigkeiten. Eine Möglichkeit besteht darin, sich regelmäßig eine kleine Sünde zuzugestehen. Am leichtesten funktioniert das, wenn man ausreichend zwanghafte Anteile in seiner Abnehmpersönlichkeit vereint und nicht zum Kontrollverlust neigt. Das Zählen der Kalorien als Kontrollinstanz ist hierbei sehr hilfreich. Viele Diäten, die schnelle Erfolge versprechen, schlagen eine Reduktionsdiät mit einer Energiezufuhr von maximal tausend Kalorien täglich vor. Bei einem durchschnittlichen Kalorienverbrauch von zweitausend Kalorien pro Tag verliert man also ein Kilo Fett pro Woche, wenn man seine Nahrungsaufnahme pro Tag derart reduziert. Es gibt genügend Ernährungspläne, die eine ausgewogene, nährstoff- und proteinreiche Ernährung mit einem Gehalt von eintausend Kalorien anbieten. Allerdings hat man so keine Kalorien mehr für den Genuss übrig. Was soll man dann tun, wenn man Appetit auf irgendetwas hat, das man sich von seinem Kalorienbudget her nicht leisten darf? Seine Diät über den Haufen werfen und sündigen oder wahlweise schlecht gelaunt darauf warten, dass die Zeit des Darbens vorbei ist und man endlich wieder «richtig» essen darf – Jojo-Effekt inklusive?

An diesem Punkt sollte das Umdenken ansetzen. Ich persönlich habe sehr gute Erfahrungen damit gemacht, es gemächlicher anzugehen, weil ich mir die kleinen Genüsse nicht grundsätzlich verbieten wollte. So habe ich selbst täglich tausend Kalorien für gesunde Ernährung ausgegeben und mir fünfhundert Kalorien für «Sünden» vorbehalten. Eintausendfünfhundert Kalorien waren von Ende Februar 2016 bis Anfang September 2016 mein tägliches Limit, aber ich hatte die Freiheit, fünfhundert dieser Kalorien täglich für irgendetwas Verboten-Genussvolles ausgeben zu dürfen – sei es Schokolade, ein Glas Wein, Eis oder Chips. Wenn ich keinen Appetit auf eine «Sünde» hatte, habe ich diese Kalorien eingespart. In dieser Zeit habe ich zwanzig Kilo abgenommen und mich selbst gewundert, wie mühelos ich von einem BMI von 30 – also gerade an der Grenze zur Adipositas – wieder auf einen normalgewichtigen BMI von 24 kam.

Obwohl ich normalerweise kein Fan von Bitterschokolade bin, habe ich mir angewöhnt, den Appetit auf Schokolade nur mit Bitterschokolade zu stillen, wofür ein bis zwei Rippen reichten. Bei einer Tafel Vollmilchschokolade wäre es mir viel schwerer gefallen, und die Versuchung, einfach weiterzunaschen, wäre viel größer gewesen. Der gefühlte Vorteil lag für mich darin, dass ich – obwohl ich sieben Monate lang mit einer reduzierten Kalorienmenge auskam – niemals das Gefühl hatte, eine Diät zu machen. Schließlich aß ich ja alles, was ich wollte, nur eben bewusster und mengenmäßig reglementiert.

Durch die Kalorienangaben behielt ich auch genau die Kontrolle darüber, dass ich trotz Naschens im grünen Bereich des Abnehmens blieb. Dadurch entwickelte ich über die Monate hinweg ein verändertes Essverhalten, sodass ich das Zielgewicht seither mühelos halte. Allerdings notiere ich mir nach wie vor die Lebensmittel, die ich zu mir nehme, um den Überblick zu behalten und mir die kleinen Sünden mit einem guten Gewissen ganz bewusst erlauben zu können. So ähnlich wie jemand, der sein Bankkonto im Überblick behält, um zu wissen, was er sich noch leisten kann, sofern die laufenden Lebenshaltungskosten gedeckt sind.

Wie schon in der Einleitung erwähnt, hat die Methode des Kalorienzählens viel mit dem normalen «Sparverhalten» gemein, das wir an den Tag legen, wenn es um Geld geht. Man entscheidet sich bewusst, wofür man Kalorien ausgibt.

Wer gut mit Geld umgehen kann und nicht dazu neigt, sein Bankkonto zu überziehen, sollte es mal auf eine ähnliche Weise mit dem bewussten «Kalorienausgeben» versuchen. Manchmal genügt es schon, den Blickwinkel zu verändern – weg von dem Gedanken «Ich mache eine Diät» hin zu dem Gedanken «Ich esse bewusster, und die Kalorienangabe hilft mir, den Überblick darüber zu behalten, was ich verbrauche und was ich zu mir nehmen darf».

Wenn man allerdings zum Kontrollverlust neigt oder mit seinem Bankkonto ständig in den Miesen ist, wird man mit dieser Methode vermutlich nicht glücklich. Wenn Sie zum Kontrollverlust neigen, ist es am sichersten, wenn Sie all die Dinge konsequent meiden, die Sie dazu verführen, Ihre guten Vorsätze aufzugeben. Wenn Ihnen der komplette Verzicht schwerfällt, könnten Sie auch den Weg des «kontrollierten Sündigens» versuchen. Sie dürfen dann von den Dingen, die Sie gern naschen würden, nichts im Haus haben, aber Sie dürfen sich selbst erlauben, sich für den täglichen Gebrauch eine bestimmte, begrenzte Menge zu kaufen, wenn der Heißhunger Sie packt. Wenn Sie das dann mit körperlicher Bewegung verbinden, also erst mal zwei Kilometer zu Fuß zum nächsten Supermarkt laufen und dann wirklich nur diese eine Sache kaufen und nicht gleich einen ganzen Wochenvorrat mitbringen (den Sie womöglich noch am selben Tag verschlingen, wenn der Kontrollverlust Sie packt), könnten Sie auf diese Weise Genuss mit Bewegung paaren. Sie sollten sich allerdings vorher ausrechnen, wie viel Energie Sie durch Ihre «Sünde» aufnehmen und wie viele Kalorien Sie vorher verbrauchen. Der Kalorienverbrauch durch Bewegung wird oft überschätzt. Hilfreich können Apps auf dem Smartphone sein, in denen man die Energiebilanz nachvollziehen kann.

Wenn wir uns dazu entschließen abzunehmen – und zwar wirklich abzunehmen, nicht dazu, irgendwann schlank sein zu wollen –, sollten wir uns nicht selbst unter Druck setzen. Das ganze Leben besteht aus Hektik, in vielen Fällen werden wir überhaupt erst dick, weil unser Leben zu hektisch ist. Wenn man beruflich und privat sehr eingebunden ist, fällt es schwer, sich genügend Freiräume zu schaffen, um sich körperlich zu bewegen oder gar regelmäßig Sport zu treiben. Und noch schwerer fällt es, die bisherigen Essensroutinen komplett über Bord zu werfen. Wenn man es beispielsweise gewohnt ist, abends vor dem Fernseher etwas zu knabbern, wird man das Fehlen dieses intensiven Reizes sofort bemerken. Wenn man Pech hat, wird die Tätigkeit des Fernsehens von einem bereits so sehr mit dem Genuss von Knabberkram assoziiert, dass man unruhig wird, wenn man nichts zur Hand hat, um es sich in den Mund zu stecken und die Geschmacksknospen zu befriedigen. Unter Umständen fühlt man sich ähnlich wie ein Raucher, dem der Griff zur Zigarette fehlt. Im Gehirn haben sich feste Verbindungen zwischen Fernsehsessel, Lieblingssendung und Knabberkam gebildet, die erst einmal wieder gelockert und aufgelöst werden müssen.

Kennen Sie dieses Gefühl? Eigentlich haben Sie gar keinen Hunger, aber Sie haben plötzlich Appetit und Lust darauf, irgendetwas zu essen, auch wenn Sie nicht wissen, was Sie essen wollen. Sie tapern zum Kühlschrank, schauen nach, was Ihnen wohl schmecken könnte, obwohl es nur Appetit oder – noch schlimmer – die reine Gier ist und keinesfalls Hunger, denn eigentlich sind Sie längst satt, und das wissen Sie auch. In solchen Fällen füllt das Essen eine Leere, die das Fernsehen allein nicht befriedigen kann. Essensaufnahme wird erneut zum Ersatzobjekt für andere, unbefriedigte Bedürfnisse. Leider weiß man oftmals gar nicht, um welche Bedürfnisse es sich handelt, die durch Essen befriedigt werden wollen. Häufig ist es etwa nur das «Zur-Ruhe-Kommen» – davon sind besonders Menschen betroffen, die in Stresssituationen tagsüber kaum etwas essen können, deren Magen dann wie zugeschnürt ist, aber die Abends, wenn der Druck endlich nachlässt, wieder genießen können. Und da das Gefühl von Ruhe und Entspannung bei einem Glas Wein und einem leckeren Essen so schön ist, will man es auch in seiner ganzen Breite auskosten und essen, solange man Appetit hat – und nicht nur so lange, bis man satt ist. Denn morgen ist wieder ein harter Tag, an dem einem tagsüber alles auf den Magen schlagen könnte.

In diesem Fall können Übergangsobjekte helfen. Wenn Sie beispielsweise abends gern etwas Herzhaftes zum Fernsehen knabbern, können Sie – sofern es Ihnen sehr schwerfällt, komplett darauf zu verzichten – überlegen, wodurch Sie es angemessen ersetzen. Statt Kartoffelchips vielleicht mal ein paar selbstgemachte Chips aus Harzer Käse? Rezepte dazu gibt es im Internet – aber ich warne Sie: Danach sollten Sie sehr gut lüften. Oder gesalzenes Popcorn? Bedenken Sie, dass Sie, wenn Sie sich nach dem «Mundgefühl» sehnen, nicht einfach Kartoffelchips durch einen Apfel ersetzen können, da der geschmackliche Unterschied zu groß ist, als dass Sie eine wirkliche Befriedigung erleben würden. Versuchen Sie es in dem Fall lieber mit Paprikaschoten, die sie in kleine Streifen schneiden – die herzhafte Geschmacksintensität ist dann ähnlich. Überlegen Sie, was ein echter, kalorienbewusster Ersatz für Sie sein könnte, der Sie wirklich befriedigt. Oder gönnen Sie sich ganz bewusst genau das, wonach Sie sich sehnen, aber in begrenzter Menge. Es gibt auch kleine Tafeln Schokolade von vierzig Gramm Gewicht, die es uns leichter machen, die aufgenommene Nahrungsmenge zu überblicken und zu begrenzen. Und wenn Sie pro Woche nicht ein Kilo, sondern nur ein Pfund abnehmen, aber dafür glücklich sind und das über mehrere Monate durchhalten können, haben Sie am Ende des Weges, wenn Sie ihr Zielgewicht erreicht haben, bereits ganz unbewusst eine erkennbare Ernährungsumstellung vorgenommen.

# Dinge, die man während der Abnehmphase beachten sollte

Bevor wir zu den einzelnen Abnehmformen kommen, hier noch einmal eine kurze Auflistung all dessen, was Sie vor einer Diät bedenken sollten. Auch wenn es Ihnen redundant vorkommen mag – manche Wahrheiten kann man gar nicht oft genug hören, denn selbst wenn man sie vom Verstand her längst begriffen hat, dauert es seine Zeit, bis sie im Herzen ankommen.

## Setzen Sie sich niemals unter Druck

Erwarten Sie nicht zu viel von Ihrem Körper. Geschichten von Menschen, die in vier Wochen zwanzig Kilogramm verloren haben, sind schlichtweg erstunken und erlogen – es sei denn, es handelte sich bei den Betroffenen um Menschen, die einen Aszitis hatten (das ist eine Wasseransammlung im Bauch bei schwerwiegenden körperlichen Erkrankungen), der punktiert und abgelassen wurde, oder um Frauen, die gerade Zwillinge entbunden haben.

Zwanzig Kilogramm Körpergewicht in dieser Zeitspanne abzunehmen ist schlichtweg unmöglich. Genauso gut könnten Sie versuchen, wie ein Vogel zu fliegen, wenn Sie nur schnell genug mit den Armen schlagen.

Finden Sie den Rhythmus, der Ihnen zusagt. Es gibt kein allgemeines Richtig oder Falsch – es gibt nur den für Sie selbst individuell passenden Weg.

Wer schnelle Erfolge braucht, um bei der Stange zu bleiben, muss auf eine radikalere Art der Gewichtsreduktion zurückgreifen als derjenige, der während der Abnehmphase weiterhin genießen will. Die beiden Abnehmtypen sind nicht kompatibel und sollten auch nicht in Konkurrenz zueinander treten oder gar versuchen, sich gegenseitig zu missionieren und davon zu überzeugen, warum die eigene Methode die bessere sei.

Bleiben Sie in Ihrem eigenen Rhythmus, ganz gleich, was das Umfeld sagt. Machen Sie nicht den Fehler, den ungeübte Läufer machen. Teilen Sie sich Ihre Kräfte für den Marathon des Gewichtsverlustes ein. Bedenken Sie, dass es auch Plateau-Phasen gibt, in denen sich der Zeiger der Waage nicht zu rühren scheint. Messen Sie dann lieber ihren Hüftumfang, um zu überprüfen, ob Sie nicht doch schon an den richtigen Stellen abgenommen haben. Und haben Sie einfach Geduld mit sich und Ihrem Körper. Wenn Ihre Abnehmmethode funktioniert, ist es egal, wie lange Sie brauchen, solange Sie sich nicht selbst belügen. Sollten Sie allerdings dreihundert Kilo wiegen und der Meinung sein, ein Kilo Gewichtsabnahme pro Jahr reicht, sollten Sie Ihre Abnehmmethode hinterfragen, denn es ist eher unwahrscheinlich, dass sie 230 Jahre lang Zeit haben, um Ihr Normalgewicht zu erreichen.

## Gehen Sie Ihrem Umfeld
## nicht auf die Nerven

Essen ist viel mehr als nur Energieaufnahme, es ist ein wesentlicher Bestandteil unseres gesellschaftlichen Lebens. Wenn Sie sich in einem Umfeld bewegen, in dem jeder irgendeine Lebensmittelallergie hat, wird man mit ausgefallenen Ernährungswünschen verständnisvoller umgehen als in einem Kreis, in dem gegessen wird, was auf den Tisch kommt. Achten Sie darauf, wie Ihr Verhalten ankommt.

In manchen Gesellschaften ist es besser akzeptiert, wenn man eine angebotene Süßigkeit, die sich prinzipiell nicht zerteilen lässt, komplett ablehnt, als sie mit dem Hinweis auf die Diät kunstvoll durchzuschneiden. Niemand findet es schön, wenn am Ende des Tages noch ein paar halbierte, zermatschte Schokoküsse rumstehen, die keiner mehr essen mag. Noch schlechter kommt es an, wenn Sie – obgleich Sie für alle als übergewichtig erkennbar sind – ständig mit Sprüchen kommen wie: «Mag sich jemand einen Schokoriegel mit mir teilen? Ich kriege den nicht allein aufgegessen, das ist ja sooo viel.» Seien Sie lieber ehrlich und sagen Sie, dass sie selbstverständlich auch drei Schokoriegel aufessen könnten, aber aus diättechnischen Gründen nur einen halben essen wollen.

Ich erinnere mich noch gut an die Mutter einer Schulfreundin, die in den achtziger Jahren unter massivem Übergewicht litt, aber stets behauptete, dass ihr alle Portionen «zu groß» seien, sie könne die ja «kaum hinunterbringen». Einmal waren meine Eltern und ich in einem Lokal, das uns diese Familie explizit empfohlen hatte. Die Portionen des teuren Gourmet-Tempels waren so klein, dass wir uns später zu Hause noch eine Dose Hühnersuppe warm machten, weil wir nicht satt geworden waren. Als ich das meiner Freundin am nächsten Tag erzählte, meinte sie: «Also meine Mutter hat das auch gegessen, aber sie hat nur die Hälfte von ihrer Portion aufbekommen, weil es ihr zu viel war.» Da platzte mir mit meinen damals vierzehn Jahren endgültig der Kragen: «Sag mal, warum ist deine Mutter eigentlich seit Jahren so dick, wenn sie selbst von diesen Mickerportionen nur die Hälfte runterbekommt?» Darauf habe ich nie eine Antwort bekommen – allerdings erwähnte meine Freundin in meiner Gegenwart auch nie wieder, dass ihre Mutter irgendetwas nicht aufgegessen habe.

Wenn Sie Ihr Umfeld durch Ihre diätetischen Verhaltens-änderungen zu sehr nerven oder sich hinter lächerlichen, durchschaubaren Lügen verschanzen, um Ihre Bemühungen zu tarnen, werden Sie bald isoliert dastehen. Es kann aber auch passieren, dass Sie Ihre Freunde unbewusst dazu pro-vozieren, Sie zum Brechen der Diät zu verleiten, damit Sie endlich wieder die nette Freundin sind, die Sie immer waren, und nicht dieses ungenießbare, fastende Etwas, mit dem man keinen Spaß mehr haben kann. Zu drastische Umstellungen, die womöglich noch von missionarischem Eifer begleitet wer-den, erwecken bei anderen schnell den Eindruck, Sie seien völlig verrückt geworden.

Versuchen Sie, sich in Ihre Freunde und Kollegen hinein-zuversetzen, und handeln Sie so, wie Sie selbst auch behan-delt werden wollen. Dann können Sie mit deren Unterstützung rechnen, und womöglich schließen sich Ihnen sogar einige andere Abnehmwillige an. Reden Sie nur dann über Ihre Diät, wenn es unbedingt nötig ist oder wenn Sie wissen, dass es Ihr Umfeld tatsächlich interessiert und es sich um einen gleichberechtigten Austausch handelt. Machen Sie die Diät oder das Abnehmen selbst auf keinen Fall zu Ihrer neuen Religion, denn Konvertiten haben meist große Probleme, in ihrem alten sozialen Umfeld weiterhin ihren gewohnten Stammplatz einzunehmen.

## Tun Sie sich etwas Gutes

Indem Sie Ihrem Körper weniger Energie zuführen, als Sie verbrauchen, schränken Sie ihn ein. Gönnen Sie sich zum Ausgleich etwas und kasteien Sie sich nicht selbst. Es gibt auch ein Leben während des Abnehmens. Nur wer nicht aufhört, auf seine Bedürfnisse zu achten, wird nach Erreichen des Zielgewichts die Kraft haben, es weiterhin zu halten. Wer nur darauf lauert, dass die Zeit des Darbens endlich vorbeigeht, wird scheitern.

Richten Sie Ihr Leben nicht auf die Zeit aus, in der Sie endlich schlank und schön (und am besten auch noch reich und glücklich) sein werden, sondern leben Sie von Anfang an.

Was Ihnen dabei am besten hilft, müssen Sie selbst herausfinden. Worauf haben Sie sich schon lange gefreut? Was wollten Sie sich gönnen? Was wäre eine schöne Belohnung, wenn Sie ein bestimmtes Zwischenziel erreicht haben? Können Sie sich überhaupt noch ausreichend belohnen, ohne dabei an leckeres Essen oder Alkohol zu denken? Und was hat Sie bislang davon abgehalten? Waren es Kosten oder die fehlende Zeit?

Überlegen Sie sich, was Sie am liebsten tun würden, wenn Sie so könnten, wie Sie wollen. Sollte Ihr größter Wunsch allerdings darin bestehen, endlich mal wieder etwas Leckeres zu essen, sollten Sie sich vielleicht tatsächlich einen Austag von Ihrer Diät gönnen, um dann am nächsten Tag umso motivierter weiterzumachen.

## Betrachten Sie Ihren Körper mit Wohlwollen

Während der Abnehmphase geht eine mehr oder minder starke Veränderung in Ihrem Körper vor. Auf der einen Seite verändert er sich zwar zum Positiven, da Sie nun weniger überflüssiges Gewicht mit sich herumschleppen, das Ihren Kreislauf und Ihre Organe belastet, andererseits werden Sie aber auch – je nachdem, wie viel Gewicht Sie verloren haben – mit erschlaffenden Hautpartien oder Striae zu kämpfen haben. Ein adipöser Körper, der zu seinem Normalgewicht zurückkehrt, bekommt damit noch lange keine Bikini-Figur aus dem Katalog. Trotzdem spricht nichts dagegen, dass Sie Ihre Leistung und Ihren Körper mit Stolz betrachten. Gönnen Sie sich die Kleidung, die Sie schon immer tragen wollten und die Ihnen nun wieder passt. Und lassen Sie sich die Laune nicht von anderen verderben. Selbst wenn Sie die tollste Figur der Welt hätten, gäbe es immer noch Menschen, die etwas an Ihnen zu mäkeln hätten, oder Fotografen, die meinen, man müsste die Figur mit Photoshop noch etwas aufpeppen.

Genießen Sie vielmehr die positiven Veränderungen, noch während Ihr Körper sich in der Abnehmphase wandelt, und stellen Sie sich immer wieder vor, wie wundervoll das Endergebnis sein wird. Wie angenehm es ist, sich endlich wieder ohne Schwierigkeiten bücken zu können, wenn man seine Schnürsenkel bindet (falls Sie nicht schon längst auf Slipper umgestiegen sind, um das Bücken zu vermeiden), oder wie schön es ist, längere Strecken zu Fuß zurücklegen zu können, ohne ins Schwitzen zu geraten oder kurzatmig zu werden. Positives Denken kann zu selbsterfüllenden Prophezeiungen führen. Wer positiv denkt und stolz darauf ist, wenn er mal wieder einer sündigen Verlockung widerstanden hat, kann sie andererseits auch viel besser genießen, wenn er sie sich bewusst erlaubt.

Nehmen Sie jede kleinere Kleidergröße, jedes engere Gürtelloch als kleinen Sieg zur Kenntnis. Sie sind auf dem richtigen Weg. Sie können alles erreichen!

## Wann ist der richtige Zeitpunkt
## zum Abnehmen?

Diese Frage mag banal klingen, aber die Antwort darauf entscheidet über Erfolg und Misserfolg all unserer Diätpläne. Wenn wir gestresst sind und uns mit Problemen, die mit unserem Körpergewicht nichts zu tun haben, herumschlagen, fehlt uns die Kraft, zusätzlich zu diesen Belastungen noch irgendetwas anderes in unserem Leben zu verändern. Insbesondere dann nicht, wenn gutes Essen das Letzte ist, was Leib und Seele zusammenhält. Wer von einem gestressten Arbeitstag nach Hause kommt und sich darauf freut, gemeinsam mit seiner Familie zu essen, dem wird es schwerfallen, jetzt auch noch auf diese liebgewonnene Gewohnheit zu verzichten. Das gleiche gilt, wenn wir uns mit einem leckeren Essen und einem tollen Grillabend bei Freunden von einem harten Tag verabschieden wollen. Sobald das Essen zusätzlich zum Stillen des Hungers eine weitere Funktion erfüllt, die uns seelisch stützt und dafür sorgt, dass wir überhaupt noch funktionsfähig im Alltag bleiben, müssen wir uns erst ein Umfeld schaffen, in dem wir uns auch dann noch wohl fühlen, wenn wir unsere Essgewohnheiten verändern.

Zunächst müssen wir klären, ob wir die stressauslösenden Faktoren überhaupt schon erkannt haben oder ob es nur so ein vages, unsicheres Gefühl ist. Ich selbst war jahrelang normalgewichtig und gehörte zu den glücklichen Leuten, die von sich sagen konnten: «Ich kann essen, was ich will, ich nehme nicht zu.» Dann änderten sich mehrere Dinge in meinem Leben.

Zunächst wechselte ich den Arbeitsplatz. Während ich zuvor täglich eine Stunde mit der Bahn fahren musste und danach noch mit dem Fahrrad vom Bahnhof zur Klinik, konnte ich nun gemütlich mit dem Auto fahren. Fahrradfahren war überflüssig, und während ich früher, wenn ich nach Feierabend am Hauptbahnhof ankam, noch einen ausgedehnten Stadtbummel machte, ehe ich nach Hause fuhr, hielt ich mit dem Auto allenfalls noch mal schnell am Supermarkt zum Einkaufen an. So nahm ich in den folgenden drei Jahren schleichend jedes Jahr ein Kilo zu. Drei Kilo sind natürlich noch nicht viel, und nach drei Jahren hatte sich mein Körper im neuen Gewicht, das diskret zwischen der Grenze vom Normal- zum leichten Übergewicht schwankte, eingerichtet. Meine Hosengrößen stimmten noch, die drei Kilo waren so gut verteilt, dass ich sie kaum bemerkte.

Doch dann erkrankten meine Eltern beide nacheinander schwer an Krebs – und die Zeit, die ich früher noch für mich selbst und körperliche Bewegung übrig hatte, nutzte ich nun dafür, mich um meine Eltern zu kümmern. Wenn ich abends im Anschluss an meinen Vollzeitjob und die Versorgung der schwerkranken Eltern endlich zu Hause war, begann ein Ritual, das jahrelang anhielt – ich belohnte mich für den harten Tag mit einem leckeren Essen. Nur leider hatte ich bereits auf der Arbeit in der Kantine gegessen. Der Effekt der Gewichtszunahme war wiederum schleichend. Ich merkte es daran, dass die Hosen irgendwann kniffen. Andererseits – warum sollte ich mir nicht eine neue Garderobe gönnen? Ich hatte das Glück, dass ich keine besonderen Problemzonen hatte, sondern sich das Fett gleichmäßig über meinen Körper verteilte – ich konnte mir daher weiterhin vormachen, noch immer schlank zu sein.

Außerdem gab es dringlichere Probleme – schwerkranke oder gar sterbende nahe Angehörige machen alles andere im Leben zweitrangig. Und man kann das Problem auch nicht so ohne weiteres aus der Welt schaffen – man kann nur versuchen, handlungsfähig zu bleiben. Und so zog sich diese Zeit der schleichenden Gewichtszunahme bis an die untere Grenze zur Adipositas über neun Jahre lang hin, bis ich für mich aufgrund körperlicher Einschränkungen die Reißleine zog. Allerdings hatte ich mittlerweile auch einige andere Dinge geändert, die es mir erlaubten, mich ganz auf das Abnehmen zu konzentrieren. Mein Vater war bereits fünf Jahre zuvor verstorben, und ich hatte für meine Mutter einen Pflegedienst gefunden, sodass ich selbst genügend Entlastung fand. Zudem hatte ich einen neuen Arbeitsplatz angetreten, in dem ich weniger Stress und keine Nacht- und Wochenenddienste mehr hatte – ein Luxus, der nur wenigen Klinikärzten vergönnt ist.

Nachdem ich die für mich selbst richtige Methode – in meinem Fall das Kalorienzählen und bewusste Ausgeben der Kalorien – gefunden hatte, ging das Abnehmen fast wie von selbst. Ich passte meine Nahrungsaufnahme meinen tatsächlichen Bedürfnissen an. Ich bin ein Mensch, der nur frühstückt, wenn er im Urlaub ist. Wenn ich morgens früh aufstehen muss, ist ein Frühstück für mich eher hinderlich. Und so nahm ich auf der Arbeit oft erst mittags meine erste Mahlzeit zu mir. Wenn ich abends zu Hause war, konnte ich noch immer eintausend Kalorien ausgeben – was meinem persönlichen Lebensstil, abends mit Genuss zu essen, sehr entgegenkam. Nachdem ich mich endlich von dem Mythos befreit hatte, man müsse unbedingt frühstücken und dürfe abends auf keinen Fall mehr essen, war ich wie befreit. Die Erkenntnis, dass es in meiner eigenen Hand liegt, wie und wann ich die erlaubte Kalorienmenge zu mir nehme, gab mir ein Gefühl ungemeiner Freiheit, und so nahm ich in sieben Monaten nahezu nebenbei zwanzig Kilo ab und habe seither wieder das Normalgewicht, das ich schon zum Abitur hatte. Da ich meine persönlichen Stolpersteine nun kenne, hatte ich auch keine Probleme mit dem Jojo-Effekt.

Es gilt also: Erst wenn man seine Stressoren erkennen und benennen kann, hat man die Möglichkeit zu überprüfen, ob man etwas verändern kann und, wenn ja, was. Man muss sich aber darüber klar sein, dass es nicht immer sofort möglich ist.

Haben Sie viel Stress am Arbeitsplatz, und sind Sie erst dick geworden, als die Belastungen auf der Arbeit zugenommen haben? Bekam das Essen zu Hause eine neue Funktion? Haben Sie schleichend und unbewusst mit dem Stress am Arbeitsplatz Ihre Ernährung umgestellt? Oder Ihre Bewegung eingeschränkt?

Oder sind es private Sorgen? Familiäre Probleme? Oder eine schier unauflösbare Mischung aus allem?

Wenn das der Fall ist, sollten Sie erhöhtes Körpergewicht als Anpassung an eine schwierige äußere Ausgangssituation begreifen. Sie haben durch Ihre übermäßige Ernährung andere Defizite kompensiert. Sie haben sich im wahrsten Sinne des Wortes ein «dickes Fell» für schlechte Zeiten zugelegt. Körper und Geist sind im Krisenmodus und verlangen nach vermehrter Energiezufuhr.

Wenn Sie nun ohne Rücksicht auf die äußeren Gegebenheiten versuchen, Ihre Ernährung oder Ihr Bewegungsverhalten auf das frühere Maß zu bringen, führt das unter Umständen dazu, dass Sie zusätzlichen Stress erfahren, schließlich sind die Gründe, aufgrund deren Sie überhaupt erst zugenommen haben, noch da. Wenn Sie nichts an Ihren äußeren Stressoren ändern (können), fällt es Ihnen schwer, Ihre letzte Kompensation aufzugeben. Es gibt dann dringendere Probleme, und Sie fangen an zu rationalisieren. Gedanken wie «Ach, ein bisschen Übergewicht hat noch niemandem geschadet» oder «Ich habe doch eine gute Figur, und ich bekomme ja noch überall Hosen, ich will ja kein Magermodel sein» helfen Ihnen dabei, Ihre alten Ernährungsgewohnheiten beizubehalten, weil sie unter Umständen der letzte Anker sind, der Sie handlungsfähig hält, um überhaupt noch funktionieren zu können. Wenn Sie sich diesen Anker wegnehmen, ohne einen neuen ruhigen Hafen zu finden, in dem Sie anlegen und sich neu orientieren können, werden Sie mit Ihren Abnehmplänen mit an Sicherheit grenzender Wahrscheinlichkeit scheitern, weil Ihr Gewicht zu diesem Zeitpunkt Ihr kleinstes Problem ist und die Motivation, sich selbst weiter zu destabilisieren, indem man sich auch noch den letzten Genuss versagt, gering ist. Sie müssen also überlegen, an welchen Stellen Sie einen adäquaten Ersatz finden, denn das Übergewicht ist lediglich ein Symptom für eine grundsätzliche Störung im Leben.

In gewisser Weise erinnert ein solches Essverhalten auch an einen Alkoholmissbrauch, der sich als «Konflikttrinken» beschreiben lässt – man braucht sein Feierabendbier oder sein Glas Wein, um zur Ruhe zu kommen und sich zu entspannen. In gewissem Rahmen ist das gesund und nichts dagegen einzuwenden. Problematisch wird es erst, wenn man auf den Alkohol nicht mehr verzichten kann, also wenn eine psychische oder gar körperliche Abhängigkeit vorhanden ist.

Bei vergleichbarem Essverhalten können deshalb ähnliche Strategien wie in der Suchthilfe hilfreich sein. Es lohnt sich zu überlegen, ob man allein ausreichend in der Lage ist, sein Umfeld zu verändern, oder ob man sich tatsächlich professionelle Hilfe holen sollte. Das könnte eine gezielte Ernährungsberatung sein, die auch psychosoziale Kontexte berücksichtigt, oder aber eine Psychotherapie, in der man herausfinden kann, was man grundsätzlich an seinem Leben ändern sollte und wie man das am ehesten schaffen kann.

Körpergewichtsveränderungen sind immer im Gesamtkontext zu betrachten. Wenn sich ein über Jahre konstantes Gewicht verändert, ist es zwingend erforderlich zu berücksichtigen, was sich in dieser Zeit sonst noch im eigenen Leben verändert hat. Manchmal können das ganz banale Änderungen sein. So hatte jemand vielleicht früher nicht das Geld, sich das zu kaufen, was er gern wollte. Jetzt stimmt das Gehalt, und man gönnt sich jeden Morgen auf dem Weg zur Arbeit ein leckeres, belegtes Baguette beim Bahnhofsbäcker, von dem man immer träumte, es sich aber nie leisten konnte – es wird genossen und geschlemmt, ganz so, als müsse man all das Darben jüngerer Jahre nun aufholen.

Oder man hat aufgrund eines Arbeitsplatzwechsels oder des Eintritts in die Rente Zeit, regelmäßig zu Mittag zu essen, während man früher den ganzen Tag hektisch von Termin zu Termin eilte, ohne zur Ruhe zu kommen. Dann kann – wenn man sonst nichts verändert hat – das zusätzliche Mittagessen genau die Kalorienmenge beinhalten, die zur schleichenden Gewichtszunahme führte.

Der richtige Zeitpunkt zum Abnehmen ist dann da, wenn man weiß, warum man abnehmen möchte, und innerlich dazu bereit und in der Lage ist, eine Veränderung vorzunehmen. Eine Veränderung, die sich auf die gesamte Lebensführung erstrecken kann. Und dazu bedarf es wie schon eingangs erwähnt einer starken Motivation, die uns ein erstrebenswertes Ziel zeigt. Eine Motivation wie «Ich bin zu dick und muss aus gesundheitlichen Gründen abnehmen» reicht meist nicht aus, wenn man sonst keine Nachteile von seinem Übergewicht hat und noch überhaupt keinerlei gesundheitliche Probleme verspürt. Es muss einen klar erkennbaren Zusatzgewinn geben, der schnell erreichbar ist.

Darüber hinaus gilt es, die geeignete Jahreszeit zum Abnehmen zu finden. Für den Beginn eignet sich am besten der Frühling. Die Tage werden länger, wir neigen dazu, uns mehr zu bewegen, der Körper stellt sich auf die wärmeren Tage ein, und wir haben Spaß daran, uns im Freien unter der Sonne aufzuhalten. Außerdem ist der Appetit im Sommer weniger stark, an heißen Tagen genügt oft ein Salat, während man sich an kalten Wintertagen eine zünftige warme Mahlzeit wünscht.

Zudem gibt es im Frühsommer viele leckere saisonale Früchte, und das Bedürfnis nach etwas «Süßem» lässt sich durch naturbelassene frische Erdbeeren oder Kirschen oft genauso gut stillen wie durch hochkalorische Nascherein.

Im Frühling ist unsere Stimmung meist auch besser und

ausgeglichener, ein nicht zu unterschätzender Vorteil. Anstatt abends nur vor dem Fernseher zu sitzen und allenfalls zum Kühlschrank zu tapern, kann man, wenn die Heißhungerattacke kommt, vielleicht auch mal einen Spaziergang um die Häuser einplanen und sich dann auf dem Weg mit einem kleinen Eis belohnen. Dabei empfiehlt es sich, die verschiedenen Kalorienangaben unterschiedlicher Eissorten zu berücksichtigen und das Kugeleis unter Umständen auch mal im Becher zu nehmen, da die Waffel oft mehr Kalorien als das ganze Eis hat.

Wenn man abnehmen will, darf man nicht nur an das Zielgewicht denken, man muss dafür sorgen, dass einem bereits der Weg zum Ziel Spaß macht. Die Zeit des Abnehmens darf keine Zeit sein, in der man nur darauf lauert, dass sie endlich vorbei ist. Denn so stellt sich unweigerlich – Sie wissen es bereits – der Jojo-Effekt ein, weil man dann ja «endlich wieder normal» essen darf.

## WELCHE ARTEN DER
## GEWICHTSREDUKTION GIBT ES?

Sie haben bereits einiges über die verschiedenen Arten zur Gewichtsreduktion bei der Vorstellung der Charaktertypen erfahren. Im Folgenden werden nun die verschiedenen Methoden mit ihren Vor- und Nachteilen ausführlich dargestellt und mit konkreten Fallbeispielen illustriert.

Grundsätzlich gibt es drei verschiedene Möglichkeiten, um sein Körpergewicht zu reduzieren.

1. Verringerung der Nahrungsaufnahme in Form von Diäten
2. Erhöhung des Energieverbrauchs durch körperliche Bewegung / Sport
3. Operative Methoden

Jede dieser Methoden hat ihre Vor- und Nachteile bei der Gewichtsreduktion und ihre individuellen Einsatzgebiete, wobei körperliche Bewegung so gut wie keine Nachteile hat, während eine operative Methode den im wahrsten Sinne des Wortes «einschneidendsten» Effekt erzielt.

Der Sinn jeder Diät ist der gleiche – man soll weniger Energie in Form von Nahrungsmitteln zu sich nehmen, als man verbraucht, damit der Körper auf seine eigenen Fettreserven zurückgreift.

Die unterschiedlichen Diäten setzen genau an diesem Punkt an. Die Urform jeder Diät ist das sogenannte «FdH – Friss die Hälfte», wobei es bei dem heutigen Überangebot an Nahrungsmitteln deutlich schwieriger ist, bewusst «die Hälfte zu fressen». In früheren Zeiten, als sich das Essen meist auf drei Mahlzeiten beschränkte und nicht an jeder Ecke Imbissbuden, Dönerläden und Bäckereiketten aus dem Boden schossen, konnte man noch darauf achten, genau die Hälfte dessen zu sich zu nehmen, was man für gewöhnlich gegessen hatte. Heutzutage verliert man schnell den Überblick, zumal die Menge nichts über den Energiegehalt des Nahrungsmittels aussagt.

Wenn Sie allein die zahlreichen Schokoladensorten vergleichen, werden Sie feststellen, dass die alte Rechnung, eine Tafel Schokolade beinhalte rund fünfhundert Kalorien, längst nicht mehr stimmt. Während Pfefferminzschokolade mit rund vierhundertneunzig Kalorien zu Buche schlägt, Trauben-Nuss-Schokolade meist um die fünfhundert Kalorien hat, bringt ausgerechnet die scheinbar so gesunde «Joghurt-Schokolade» schon fünfhundertsiebzig Kalorien Energiezufuhr. Sie können also allein durch den Wechsel der Schokoladensorte zunehmen, wenn Sie von Pfefferminz auf Joghurt umsteigen, weil Sie denken, dass wäre doch viel gesünder.

## Reduktionsdiäten

Am wirkungsvollsten sind – sofern man auf kein Nahrungsmittel verzichten will – die sogenannten «Reduktionsdiäten», bei denen die aufgenommene Nährstoffmenge anhand von Kalorien oder auch Weigth-Watchers-Punkten gezählt und entsprechend reglementiert wird.

Der Vorteil liegt auf der Hand – Sie haben ganz allein die vollständige Kontrolle über Ihre Energieaufnahme und entscheiden, wie viel Sie essen. Außerdem können Sie sehr gut berechnen, wie viel Sie innerhalb einer bestimmten Zeit abnehmen werden.

Eine Freundin von mir fing im Juli 2016 bei einem Ausgangsgewicht von 111 Kilogramm und der festen Überzeugung, mit Ende vierzig ohnehin nicht mehr nennenswert abnehmen zu können, mit einer neuen Art der Energiekontrolle an. Sie wollte gern wieder auf ein Gewicht von 75 Kilogramm kommen und rechnete aus, dass Sie insgesamt 252 000 Kalorien einsparen müsse, um dieses Ziel – eine Gewichtsreduktion von 36 Kilogramm – zu erreichen. Wie viele andere Übergewichtige ging sie zunächst davon aus, dass sie eigentlich gar nicht so viel esse, und brauchte eine Weile, um die Knackpunkte, die zur Gewichtszunahme – und auch zum Halten des Gewichts – geführt hatten, zu erkennen. In ihrem Fall waren es überwiegend die Getränke. Sie hatte eine Schwäche für Coca Cola und Fruchtsäfte und mochte keine kalorienreduzierten Getränke. Hinzu kam ein liebgewonnenes Ritual, wenn Sie zusammen mit ihrer Familie Kekse aß und sich dazu «verpflichtet» fühlte, die letzten Kekse der Schachtel selbst zu essen, damit die nicht vertrockneten – denn trockene Kekse mag ja keiner, und am nächsten Tag macht man lieber eine neue Schachtel auf.

Als ihr bewusst wurde, dass so ein lächerlicher Keks schon 50 Kalorien hat, fiel es ihr nicht schwer, diese «Dickmacher-quelle» auszuschalten, zumal sie die Kekse ohnehin nicht mit wirklichem Genuss, sondern mehr aus Gewohnheit gegessen hatte. Problematischer wurde es mit den Getränken, da sie keine Cola Zero mochte und die scheinbar so gesunden Fruchtsäfte, die sie als Alternative vorgezogen hätte, genauso viele Kalorien wie eine normale Cola hatten. Schließlich entschied sie sich dafür, kalten Früchtetee zu trinken, den sie selbst kochte und der so gut wie keine Kalorien hat. In diesem Zusammenhang sollte man unbedingt darauf achten, dass gekaufte «Eistees» einen sehr hohen Zuckergehalt haben. Wer kalten Tee liebt und abnehmen möchte, sollte ihn selbst herstellen, damit die Kontrolle über den Energiegehalt bei einem selbst bleibt.

Bei gemeinsamen Mahlzeiten teilte meine Freundin sich nun häufiger eine Pizza mit ihrer Tochter, zumal ihre Tochter ohnehin immer nur eine halbe Pizza aß (und raten Sie mal, wer dann die übriggebliebene halbe Pizza zusätzlich zu seiner eigenen aß, damit sie nicht schlecht wird? Tja, die Kinder von Kriegskindern, die noch mit den Geschichten von hungernden Eltern in der Nachkriegszeit aufgewachsen sind, können eben nichts umkommen lassen). Außerdem tauschte sie die Butter konsequent gegen fettarmen Frischkäse als Brotaufstrich, da der ihr besser schmeckt als Butter und deutlich weniger Kalorien hat.

Wenn die Nachbarn zum Grillen einluden, griff meine Freundin nun nicht mehr zum mächtigen Kartoffelsalat, sondern zum Blattsalat. Und sie fing an, regelmäßig auf dem Heimtrainer Kalorien zu verbrauchen – manchmal auch ganz gezielt vor bestimmten Veranstaltungen, bei denen man gemeinsam etwas essen wollte.

Anstatt nun weiterhin zur Sklavin der Waage zu werden, strich sie lieber täglich die eingesparten Kalorien auf ihrer Liste der einzusparenden 252 000 Kalorien weg. Anfang Juni 2017 hatte sie bereits ein Gewicht von 78 Kilogramm erreicht und 212 000 Kalorien weggestrichen. Sie will auf jeden Fall noch die letzten 40 000 Kalorien einsparen und hofft, dann auf einem Gewicht irgendwo zwischen 73 und 75 Kilogramm angekommen zu sein.

Meine Freundin berichtete auch von Zeiten, in denen sich auf der Waage nichts änderte, aber während sie das bei früheren Diäten einfach nur frustriert hätte, wusste sie nun um die schwankenden Wassereinlagerungen im Körper und konnte sich immer darauf verlassen, dass es kontinuierlich weitergehen würde, wenn sie wie bisher Kalorien einsparen würde. Für sie lag der Vorteil in der absoluten Freiheit, die sie bei der Gestaltung, wo und wie sie ihre Kalorien einsparen würde, hatte. Und sie hatte zu keinem Zeitpunkt das Gefühl, eine Diät zu machen, da sie ja weiterhin alles essen durfte – nur eben viel bewusster.

Da sie allerdings die Neigung hat, Süßigkeiten, die im Haus sind, auch zu konsumieren, während ihr nichts fehlt, wenn nichts da ist, verzichtete sie darauf, entsprechende Vorräte anzulegen. Das gemeinsame Mittagessen mit der Familie litt auch nicht unter ihrer Ernährungsumstellung. Sie gewöhnte es sich an, ihren Teller einfach abzuwiegen, damit sie auch beim Mittagessen genau wusste, wie viele Kalorien sie zu sich genommen hatte. Da in ihrer Familie zudem einige Mitglieder unter Allergien litten, die bestimmte Nahrungsmittel ausschlossen, war es für sie nichts Ungewöhnliches, auf die Ernährung zu achten oder einfach mal einen Teller kurz vor dem Mittagessen abzuwiegen.

Allein das Wissen darum, dass siebentausend eingesparte Kalorien ein verlorenes Kilo Fett bedeuten, und die Freiheit, selbst die Kontrolle zu haben, führten bei meiner Freundin ohne Einschränkung ihres Lebensgefühls von Juli 2016 bis Juni 2017 zu einer Gewichtsreduktion um 33 Kilogramm – und sie ist noch nicht am Ende des Weges.

Natürlich gibt es auch Gefahren, die bei der Reduktionsdiät – insbesondere dem Kalorienzählen – zu beachten sind.

Die Hauptgefahr besteht darin, dass Menschen Kalorien an gesunden Lebensmitteln einsparen, um dafür zu naschen oder Alkohol – der bekanntlich ja auch Kalorien hat – trinken zu können. In dem Fall kann es schnell zu Mangelerscheinungen und Muskelabbau kommen, denn der Körper braucht eine bestimmte Menge an Proteinen, um den Muskelabbau zu verhindern.

Wer behauptet, dass man beim Abnehmen zunächst kein Fett, sondern Muskelmasse verliert, hat nur dann recht, wenn er auf eine Weise abnimmt, die dem Körper keine ausgewogenen Nährstoffe zuführt. Insofern sollte man gerade bei der freien Kalorienreduktion auf eine ausgewogene, proteinreiche Ernährung achten.

Für jene, die Schwierigkeiten damit haben, selbständig auf die Ausgewogenheit ihrer Ernährung zu achten, aber andererseits das Reduktionsprinzip schätzen, sind Diäten die nach dem Weight-Watchers-Prinzip funktionieren, empfehlenswert, weil es bei diesen zwar auch eine große Freiheit, aber ebenso viele vorgefertigte Rezepte und Fertigmahlzeiten gibt, die einem helfen, den Überblick zu behalten und gleichzeitig wichtige Nährstoffe ausreichend zu sich zu nehmen. Das WW-Prinzip ist auch insofern hilfreich, da es die Kalorien- bzw. Punktereduktion dem Körpergewicht anpasst. Ein schlanker Körper hat einen geringeren Energieumsatz als ein dicker Körper. Und wenn man in der gleichen Zeit weiterhin die gleiche Menge abnehmen will, muss man seine Kalorienmenge weiter reduzieren. Darauf nimmt die Einteilung der WW-Punkte Rücksicht.

Eine andere Freundin von mir hat ebenfalls mit dem Kalorienreduzieren innerhalb von sieben Monaten rund zwanzig Kilo abgenommen und berichtet, dass es ihr anfänglich, als sie noch sehr übergewichtig war, nicht besonders schwergefallen sei. Aber jetzt, da sie sich dem Normalgewicht nähert, werde es immer schwieriger, ein entsprechendes Kaloriendefizit zu erreichen. Andererseits falle ihr jetzt Sport leichter, da sie sich besser bewegen könne, sodass sie wohl nun zu einer Mischform der weiteren Gewichtsreduktion finden werde, um ihr Zielgewicht zu erreichen.

Was ich in meinem Umfeld vor allem bei denen beobachtet habe, die durch eine reine Reduktionsdiät abgenommen haben (mich selbst eingeschlossen), ist die Tatsache, dass wir alle das Kaloriendefizit nicht zu hoch angesiedelt haben. Eine täglich erlaubte Energiezufuhr von 1500 Kalorien erwies sich für ein langfristiges Abnehmen als optimal, weil es genügend Raum für die sozialen Verpflichtungen beim Essen und die kleinen, liebgewonnenen Sünden ließ. Man konnte auch während des Abnehmens «leben» und wartete nicht nur darauf, dass es endlich vorbei ist.

Natürlich gibt es auch Menschen, die den schnellen Erfolg brauchen und sonst aufgeben. Und es ist selbstverständlich möglich, mit deutlich weniger Kalorien als tausendfünfhundert Kalorien schneller abzunehmen. Aber man sollte sich klarmachen, dass einem – sofern man gern isst – dann auch ein Teil der Lebensfreude verloren geht und man schneller in Versuchung gerät, einfach aufzugeben. Vor allem dann, wenn eine unausgewogene Ernährung zwar Körperfett reduziert, aber auch zu Wassereinlagerungen führt, die dann zum frustrierenden Stillstand auf der Waage führen.

Es gibt unterschiedliche Möglichkeiten und verschiedene Studien. Die Diplompsychologin Nadja Hermann hat in ihrem Bestseller *Fettlogik überwinden* (den ich übrigens jedem Abnehmwilligen ans Herz legen möchte, der sich mit den Mythen rund um das Abnehmen näher auseinandersetzen möchte) ihre eigene Gewichtsreduktion beispielhaft beschrieben. So hat sie aufgrund von Knieproblemen bei einem Körpergewicht von einhundertfünfzig Kilogramm mit einer Reduktionsdiät von fünfhundert Kalorien pro Tag begonnen – allerdings unter ärztlicher Aufsicht und bei gleichzeitiger Sicherstellung, dass in diesen fünfhundert Kalorien sämtliche notwendigen Proteine, Vitamine und Nährstoffe vorhanden waren.

Wer genügend Selbstdisziplin dafür aufbringt und sich ärztlich überwachen lässt, kann mit einer derartig radikalen Reduktion schnelle Erfolge erzielen und lebt damit auch nicht ungesünder als bei einer moderateren Reduktion. Allerdings weiß ich von mir, dass ich das höchstens eine Woche durchhalten würde – selbst eine Beschränkung auf tausend Kalorien pro Tag würde mir die Laune verderben.

Letztlich muss jeder in dieser Hinsicht auf sein persönliches Lebensgefühl achten – brauche ich schnelle Erfolge, um bei der Stange zu bleiben, oder brauche ich das Gefühl, ganz normal weiterzuleben, aber langsam und kontinuierlich mein Zielgewicht zu erreichen? Das ist letztlich eine Charakterfrage, die jeder für sich selbst beantworten muss.

## Low-Carb-Diäten
## am Beispiel der ketogenen Diät

Auf die ketogene Diät als Möglichkeit zur Gewichtsreduktion bin ich durch die begeisterten Beschreibungen einer Bekannten gestoßen, die mir erzählte, dass sie auf diese Weise erstmals in ihrem Leben nachhaltig Gewicht reduziert habe. Bei der ketogenen Diät handelt es sich um eine extreme Form der Low-Carb-Diät, bei der fast vollständig auf Kohlenhydrate verzichtet wird. Als Ärztin kannte ich die ketogene Diät zuvor nur als wirkungsvolle Behandlungsmöglichkeit von Krankheiten und bestimmten Epilepsieformen.

Wir kamen über die verschiedenen Diätformen ins Gespräch, als meine Bekannte mich besuchte. Ich hatte im Monat zuvor mit der Kalorienreduktion begonnen und bereits einige Kilo abgenommen. Da ich wusste, dass sie gegenwärtig ebenfalls Diät lebte, fragte ich sie vor ihrer Ankunft, ob sie gern etwas Spezielles essen oder trinken wolle, was zu ihrer Diät passt, während wir bei mir gemütlich sitzen und plaudern würden – irgendwie gehört gemeinsames Essen ja zu einem Besuch dazu. Andererseits kann es sehr befreiend sein, wenn man andere Abnehmwillige trifft und sich dann darauf einigt, lediglich gemeinsam Tee zu trinken und gar nichts zu essen, ohne deshalb für einen schlechten Gastgeber gehalten zu werden.

Meine Bekannte berichtete mir, dass sie nur einmal am Tag eine Mahlzeit zu sich nehme, vorwiegend mit einem hohen Fettanteil (in ihrem Fall Spiegeleier und Speck), um in die Ketose zu kommen – also einen Zustand, in dem aufgrund eines Glucosemangels körpereigenes Fett in Ketonkörper umgewandelt wird. Diese Ketonkörper können vom Gehirn ebenso wie Glucose zur Energiezufuhr verwendet werden.

Vereinfacht lässt sich das Prinzip der Ketose folgendermaßen erklären: Wenn ein gesunder Mensch wenig Kohlenhydrate zu sich nimmt, findet eine verminderte Insulinausschüttung im Blut statt. Insulin wird immer dann gebraucht, um Glucose, die aus den Kohlenhydraten gewonnen wird, in die körpereigenen Zellen aufnehmen und dort zur Energiegewinnung nutzen zu können. Je weniger Glucose sich im Blut findet, umso weniger Insulin wird ausgeschüttet. Fehlt Insulin, bauen die Zellen Fett als Ersatz ab. Dabei entstehen die sogenannten Ketonkörper, die als Ersatz für die Glucose von den Zellen zur Energiegewinnung verwendet werden können.

Man darf den Zustand der natürlichen Ketose nicht mit der Ketoazidose verwechseln – einem lebensbedrohlichen Zustand, an dem Diabetiker leiden, wenn sie kein Insulin bekommen. Der Diabetiker hat einen natürlichen Insulinmangel, beim Typ-1-Diabetiker handelt es sich um einen absoluten Insulinmangel, deshalb können seine Zellen die Glucose aus dem Blut nicht aufnehmen. Die Folge ist, dass der Blutzuckergehalt sehr hoch ist, aber der Zucker nicht in den Zellen zur Energiegewinnung genutzt werden kann. Wenn sich nun immer mehr Ketonkörper bilden, führen diese zu einer Übersäuerung des Blutes.

Steigen die Ketonkörperwerte bei einem gesunden Menschen über ein bestimmtes Maß an, wird automatisch die Insulinausschüttung aktiviert – die Ketonkörperwerte sinken, und die Übersäuerung des Blutes wird verhindert. Ein Diabetiker mit absolutem Insulinmangel hat diese Möglichkeit nicht. Sein Blut übersäuert immer mehr, bis es zur lebensbedrohlichen Ketoazidose kommt. Deshalb muss der Diabetiker Insulin von außen durch Spritzen zuführen.

Für einen gesunden Menschen ist die ketogene Diät also nicht mit lebensbedrohlichen Risiken verbunden.

Menschen, die sich der ketogenen Diät als Abnehmmethode verschrieben haben, stellen ihre Ernährung nahezu komplett auf fettreiche, kohlenhydratarme Ernährung um, um in einen möglichst dauerhaften Zustand der Ketose zu kommen, damit gezielt Fett in Ketonkörper umgebaut und verbraucht wird.

Meine Bekannte meint dazu:

*Für mich ist die ketogene Phase die einzige, in der ich die Kalorien überhaupt beschränken kann, ohne unzufrieden zu werden. Wenn ich zu viele Kohlenhydrate esse, werde ich gleich wieder süchtig nach mehr. Dabei ist es egal, ob ich Schwarzbrot oder Schokolade esse, allein die Menge der Kohlenhydrate macht die Sucht.*

*Zwischen dem ersten April und September habe ich rund fünfunddreißig Kilo abgenommen. Leider habe ich das über den Winter nicht halten können und etwa zwanzig Kilo wieder zugenommen. Daraufhin habe ich die ketogene Diät mit dem Kalorienzählen kombiniert. In der Zeit zwischen April und September hatte ich mir ein Kalorienlimit von achthundert Kalorien gesetzt. Manchmal war ich wohl etwas drüber, aber selten über tausend Kalorien.*

*Ich werde es aber wohl nie schaffen, ohne Ketose Kalorien zu zählen. Einen Schokoriegel am Tag (oder gelegentlich) klappt bei* mir einfach nicht. Ich komme mir da vor wie eine Alkoholikerin, die einen Schluck Wein trinkt und sich dann nicht mehr bremsen kann.

Man braucht mindestens eine Woche, um einigermaßen in der Ketose zu sein, und dann stellt sich der Körper noch über Wochen weiter um. Das ist nichts, um es «mal ein paar Tage auszuprobieren». Es geht darum, weniger zu essen. Und das schaffe ich am besten in der Ketose. Letztes Jahr habe ich eine Mahlzeit am Tag gegessen: achthundert Kalorien und Schluss. Es ging mir damit viel besser als mit drei (oder fünf) kleinen Mahlzeiten.

Zudem habe ich durch die Ketose noch andere sehr angenehme Veränderungen bemerkt. Das fängt an bei Menstruationsschmerzen, die nicht weniger werden, sondern komplett verschwinden (wenn man konsequent ist).

Meine Haut ist außerdem weniger trocken, vor allem an den Ellenbogen. Pickel verschwinden vollständig, die Haut wird ganz weich. Ich habe darauf geachtet, dass keines meiner Achthundert-Kalorien-Gerichte weniger als siebzig Prozent Fett hat (genau ausgerechnet). Auch der Stuhlgang ist angenehmer. Ich habe in der Ketose allgemein mehr Lust, mich zu bewegen, weniger Energietiefs, keinen Hunger, auch wenn ich nur einmal am Tag esse. Wenn ich mal ein Stück Käse zwischendurch gegessen habe, kam ich auf tausend Kalorien. An bewegungsintensiven Tagen braucht man manchmal wohl doch mehr. Und ich muss sagen, dass ich ganz ohne Naschen viel zufriedener bin als mit «etwas» Naschen am Tag. Wenn ich wirklich in der Ketose bin, kann eine Tafel Schokolade nackt vor mir Samba tanzen, das reizt mich überhaupt nicht. Wenn ich mich auf einen kleinen Schokoriegel am Tag beschränken soll, wecke ich nur schlafende Hunde. Und dann *geht die Quälerei los, ich denke an nichts anderes mehr. (So müssen sich Drogenabhängige fühlen.)*

*Ich bin dann rückfällig geworden und habe wieder zugenommen, weil ich einen Riesenstress hatte. Ich denke, da waren achthundert Kalorien einfach zu wenig. Das würde ich jetzt anders machen. Aber durch den Supermarkt zu gehen und zu spüren, dass mich all die Kohlenhydrate (egal ob Brot oder Süßigkeiten) nicht interessieren, ist einfach genial.*

An diesem Beispiel lässt sich gut erkennen, wie sich verschiedene Diätformen verbinden lassen, um bestimmte Ziele zu erreichen. Gleichzeitig wird deutlich, welchen großen Einfluss äußere Umstände auf den Erfolg haben. In diesem Fall führte ein «Riesenstress» zum Rückfall in altes Essverhalten und zur erneuten Gewichtszunahme. Allerdings wurde der «Rückfall» auch dazu genutzt, um zu analysieren, was man beim nächsten Mal anders machen sollte – beispielsweise die drastische Reduktion auf achthundert Kalorien rechtzeitig an den Bedarf anpassen.

Die ketogene Diät ist eine Form der Low-Carb-Diäten, die ich hier etwas intensiver vorstelle, weil ich das Fallbeispiel dazu sehr hilfreich finde. Es zeigt, wie unterschiedlich die verschiedenen Abnehmtypen sind, und hier wird eine Methode beschrieben, individuell verschiedene Möglichkeiten der Regulation der Energiezufuhr zu nutzen, um die am besten passende Abnehmform für sich zu finden.

Zurzeit sind Low-Carb-Diäten und insbesondere die ketogene Diät sehr verbreitet und angesagt. Allerdings ist die Ernährungsumstellung radikal und erfordert viel Selbstdisziplin. Wie im Fallbeispiel beschrieben, braucht der Körper einige Zeit, um in die Ketose zu kommen, und wenn man dann «sündigt», ist der Effekt sofort vorbei. Wer also dazu neigt, sich selbst zu beschummeln und zwischendurch zu naschen, wird mit dieser Diätform nicht glücklich.

Außerdem ist die Umstellung auf die Ketose nicht für jeden Menschen gleichermaßen leicht. Selbst meine Bekannte, die von dieser Methode überzeugt ist, erzählte mir, dass sie in den ersten Tagen, wenn der Körper sich umstellt, unter Kopfschmerzen leidet. Menschen mit Migräne könnten unter Umständen in der Umstellungszeit vermehrt Migräneattacken erleiden.

Des Weiteren haben kohlenhydratreduzierte Diäten nicht auf jeden Menschen den gleichen positiven Effekt wie bei meiner Bekannten, die dann gar nicht mehr an Kohlenhydrate und zuckerhaltige Produkte denkt. Im Gegenteil, manche Menschen neigen dazu, nun nur noch an das zu denken, was sie nicht mehr essen dürfen, und fühlen sich dadurch enorm belastet. Das gemeinsame Essen mit Kollegen in der Kantine oder mit Freunden wird zu einer Zerreißprobe, und soziale Kontakte können darunter leiden. All diese Fallstricke sollte man sich vorher bewusst machen und – sofern man diese Form der Diät ausprobieren möchte – von vornherein einkalkulieren und Gegenstrategien entwickeln.

## Die Paleo-Diät

In Zeiten, da man sich sehr um die artgerechte Haltung von Tieren kümmert, ist es auch modern, sich mit der sogenannten artgerechten Ernährung des Menschen zu befassen. Findige Köpfe kamen zu dem Schluss, dass es sich dabei wohl um die Ernährungsform handeln müsse, die schon den Steinzeitmenschen zur Verfügung stand, und erfanden ein Diätkonzept, das sich «Paleo-Diät» nennt.

Das Ziel dieser Diät besteht allerdings nicht darin, die Ernährung der Steinzeitmenschen zu imitieren. Das wäre sicherlich auch nicht besonders gesund, da Steinzeitmenschen sich von dem ernähren mussten, was gerade verfügbar war und selbst vor Aas nicht zurückschreckten. Erschwerend kommt hinzu, dass die Mammuts längst ausgestorben sind, und die wenigen tiefgefrorenen Exemplare, die im Permafrost der sibirischen Tundra überdauert haben, sind zu wertvoll, um sie zu verspeisen.

Die Paleo-Diät orientiert sich viel mehr an dem, was die ausgewogene Ernährung unserer Steinzeitvorfahren gewesen wäre, wenn sie die freie Auswahl gehabt hätten – zu einer Zeit, als es weder Ackerbau noch Fastfood gab. Zur Paleo-Diät gehören deshalb folgende Bestandteile: Fleisch, Fisch, Meeresfrüchte, Gemüse, Obst und Nüsse. Wer bemerkt, was in dieser Aufzählung fehlt? Richtig – es finden sich weder Getreide noch Hülsenfrüchte. Produkte der Landwirtschaft, die gezielt angebaut werden müssen, um sie in ausreichender Menge zu ernten, sind bei dieser Diät tabu. Damit fallen bei der Paleo-Diät natürlich ganz von selbst «Dickmacher» wie

Brot, Kuchen, Kekse und Pizza flach. Andererseits stellt sich der findige Paleo-Freund die Frage, ob Kartoffelchips sich wohl in diese Diätform integrieren lassen oder ob sich die Paleo-Diät ausschließlich auf die europäische Steinzeit bezieht, als die Kartoffel noch nicht aus Amerika eingeführt worden war.

Wenn man sich gezielt an die erlaubten Lebensmittel der Paleo-Diät hält, kann man unter Umständen allein dadurch abnehmen, dass man kohlenhydratreiche, hochkalorische Lebensmittel auf Getreidebasis weglässt. In dieser Hinsicht ist sie der Low-Carb-Diät ähnlich.

Allerdings sind Nüsse erlaubt – und Nüsse gehören zu den Lebensmitteln mit dem höchsten Energiegehalt. So haben hundert Gramm Erdnüsse und Cashewkerne genauso viel Kalorien wie eine normale Tafel Schokolade. Noch schlimmer ist es mit Macadamia-Nüssen, da schlagen hundert Gramm mit rund siebenhundert Kalorien zu Buche. Einhundert Gramm Walnusskerne bringen noch über sechshundert Kalorien an Energiezufuhr.

Wenn ich mich also an meine Paleo-Diät halte, ernähre ich mich zwar gesund, aber wenn ich nebenher eine Handvoll Walnusskerne nasche, muss ich aufpassen, dass ich nicht sogar noch zunehme, anstatt an Gewicht zu verlieren.

Wer sich der Paleo-Diät verschreibt, kommt deshalb nicht umhin, ebenfalls im Auge zu behalten, was er in welcher Menge isst. Die Tatsache, dass etwas ein erlaubtes Lebensmittel ist, heißt noch lange nicht, dass man von seinem Genuss auch schlank wird.

Wer jedoch Freude daran hat, unter Berücksichtigung der

erlaubten Lebensmittel einen gesunden Ernährungsplan zusammenzustellen, kann mit der Paleo-Diät viel Spaß haben, sich gesund ernähren und auch Gewicht verlieren – man muss allerdings um die Fallstricke hochkalorischer Lebensmittel innerhalb des Diätkonzepts wissen und sollte sich am besten an einen Leitfaden zu dieser Diätform halten.

# Saftfasten

Das Saftfasten ist keine direkte Diätform, sondern wird meist im Zusammenhang mit dem Heilfasten angewendet und ist in seiner Urform nur auf eine Anwendung von wenigen Tagen ausgerichtet. Man trinkt dabei fünf- bis siebenmal täglich ein Glas frischgepressten Obst- oder Gemüsesaft, insgesamt etwa einen bis eineinhalb Liter. Das entspricht etwa siebenhundertfünfzig Kalorien. Ansonsten sind nur Mineralwasser oder Tee erlaubt, es wird empfohlen, zusätzlich zu den Säften drei Liter Mineralwasser am Tag zu trinken. Die Säfte sollen langsam und bewusst getrunken, am besten mehrfach im Mund hin und her bewegt werden, so wie auf einer Weinprobe.

Beim Saftfasten geht es vor allem um Entschlackung. Es werden auch Methoden beschrieben, in denen man bis zu drei Wochen ausschließlich auf diese Weise lebt und die dem Abnehmen dienen. Sofern man vitamin- und nährstoffreiche Säfte konsumiert, ist innerhalb von drei Wochen noch nicht mit Mangelerscheinungen zu rechnen, es wird empfohlen, dann auch auf Gemüsesäfte zurückzugreifen. Sauerkrautsaft hat besonders viele Vitamine und wurde schon in der Seefahrt zur Zeit der Segelschiffe verwendet, um Skorbut bei den Matrosen zu verhindern.

Wenn man drei Wochen durchhält und in diesen einundzwanzig Tagen täglich nur siebenhundertfünfzig Kalorien zu sich nimmt, kann man bei einem durchschnittlichen Energiebedarf von zweitausend Kalorien auf rund siebenundzwanzigtausend eingesparte Kalorien zurückblicken, was etwas weniger als vier Kilo Fettverlust entspricht. Eine Blitz-Wunder-Diät ist das Saftfasten somit nicht, kann aber für Menschen mit ausreichender Selbstdisziplin hilfreich sein, die überflüssigen Feiertagskilos nach Weihnachten und Neujahr zu eliminieren.

Wer sich für diese Methode näher interessiert und nach Anregungen für die verschiedenen Säfte sucht, wird im Internet viele hilfreiche Seiten finden. Allerdings sollte einem von vornherein klar sein, dass sich diese Art der Diät nicht für große Gewichtsabnahmen eignet, da die zeitliche Dauer, da man sie gesund und zufrieden durchführen kann, aufgrund ihrer Konzeption begrenzt ist.

## Formula-Diäten

Es gibt auf dem Markt der Diätindustrie zahlreiche Diäten, die eine schnelle Gewichtsabnahme durch den Ersatz von Mahlzeiten durch spezielle (Milch-)Shakes versprechen. Diese Diäten nennt man Formula-Diäten. Das Ziel ist dabei grundsätzlich die Reduktion der Kalorienaufnahme. Wenn man sich an das Konzept hält, das zunächst den vollständigen Ersatz sämtlicher Mahlzeiten vorschreibt und schließlich zum Erhalt nur noch eine Mahlzeit als Shake und die beiden anderen nach vorgegebenen Rezepten, wird man mit dieser Methode vorzeigbare Erfolge erzielen.

Der Vorteil ist, dass man sich keine großen Gedanken machen muss, was man zu kochen hat. Man trinkt einfach dreimal am Tag seinen Shake, nimmt genügend Nährstoffe und Vitamine zu sich, da alles Notwendige in der Zusammensetzung enthalten ist, und wird – sofern man nicht sündigt – abnehmen.

Der Nachteil liegt darin, dass man auf das Essen als Genuss verzichten muss. Natürlich kann man die Arbeitskollegen auch mit seinem Shake in die Kantine begleiten, aber spätestens wenn man von Freunden in ein gutes Lokal eingeladen wird, hat man ein Problem, denn der Fünf-Sterne-Ober wird es bestimmt nicht gern sehen, wenn man seinen Plastikbecher mit dem Shake hervorzieht, anstatt die dort angebotenen Delikatessen zu bestellen. Ob der Nobelkellner sich dann mit einem einfachen Korkengeld abspeisen lässt, ist die Frage ...

Für Genussmenschen, die im Essen mehr als nur Nährstoff- und Energiezufuhr sehen, ist die Shake-Diät eine echte

Herausforderung, zumal die Geschmacksrichtungen bald langweilig werden – Erdbeer, Schoko, Banane, Vanille. Ob es auch herzhafte Shakes in der Geschmacksrichtung Currywurst, Hamburger und Brathähnchen gibt, entzog sich meinen bisherigen Recherchen.

Das Hauptproblem bei dieser Diätform liegt neben dem fehlenden Genuss, den gutes Essen mit sich bringt, darin, dass es zu keiner nachhaltigen Umstellung der bisherigen Ernährungsgewohnheiten kommt. Für eine gewisse Zeit wird eine komplett andere Ernährungsform gewählt, um gezielt Gewicht zu reduzieren. Aber es fehlt der körperliche und seelische Lerneffekt – die langfristige Umstellung von dickmachenden Gewohnheiten. Nach Erreichen des Zielgewichts steht der nun schlanke Abnehmwillige am gleichen Ausgangspunkt, an dem er vor Beginn seiner Diät stand. Wenn er nicht gleichzeitig seine Verhaltensroutinen angepasst, sondern nur zähneknirschend die «Zeit des Darbens» durchgehalten hat, ist er wie kein anderer vom Jojo-Effekt betroffen. Alte Gewohnheiten werden lustvoll neu aufgenommen, und das Verhalten, das überhaupt erst zum Übergewicht führte, tritt erneut seinen Siegeszug an.

Im Prinzip lässt sich diese Diätform deshalb mit der reinen körperlichen Entzugsbehandlung eines Alkoholkranken vergleichen. Ein Mensch mit einer Alkoholabhängigkeit ist nach zehn Tagen Entzugsbehandlung nicht mehr körperlich abhängig. Er steht am selben Punkt wie der durch eine Shake-Diät schlank gewordene Abnehmwillige. Das Grundproblem – beim Alkoholiker die körperliche Abhängigkeit, beim ehemals Dicken das Übergewicht – ist zwar weg, aber die dahinterliegenden Ursachen bestehen allesamt fort, und die Wahrscheinlichkeit, dass jemand, der durch eine Shake-Diät erfolgreich abgenommen hat, auch nach Abschluss seiner Diät weiterhin schlank bleibt, ist genauso groß wie die Wahrscheinlichkeit, dass ein Alkoholiker nach einer erfolgreichen körperlichen Entzugsbehandlung ohne Langzeitentwöhnung trocken bleibt. Es gibt Menschen, die das tatsächlich schaffen, doch die große Mehrheit ist damit überfordert und wird über kurz oder lang rückfällig.

Es gibt einen Unterschied zwischen abnehmen, schlank sein und schlank bleiben. Dessen muss man sich von Anfang an bewusst sein, wenn man die erreichten Ziele dauerhaft erhalten möchte.

Eine mögliche Alternative bei den Freunden der Shake-Diät besteht darin, dass sie zwar nicht dauerhaft ihr Gewicht halten, da sie immer wieder in altes Verhalten zurückfallen, aber rechtzeitig, wenn sie merken, dass sie eine bestimmte magische Kilo-Obergrenze überschreiten, erneut für einige Wochen eine Shake-Diät durchführen – sie sind dann sozusagen immer im Modus zwischen Gewichtszu- und -abnahme, bleiben aber im Großen und Ganzen in einem konstanten Gewichtsrahmen. Im Grunde ist eine solche Möglichkeit sogar physiologisch mit dem Leben unserer Vorfahren vereinbar – es gab Zeiten, in denen schlemmte man im Überfluss, und in anderen Zeiten herrschten Hungersnöte. Wer sich auf diese Weise einigermaßen stabil hält, imitiert sozusagen den früheren üblichen Wechsel, den Generationen von Menschen von der Steinzeit bis hin zur Neuzeit durchlebten.

## Quellstoffe zum Abnehmen

Eine weitere Methode, seine Diät zu unterstützen, bieten sogenannte Quellstoffe. Sie bestehen meist aus pflanzlichen Fasern, die in Verbindung mit Wasser zum Mehrfachen ihrer ursprünglichen Größe aufquellen und somit ein schnelleres Sättigungsgefühl durch den gefüllten Magen hervorrufen sollen.

Wenn man sich mit dieser Möglichkeit befasst, sollte man zeitgleich auch auf eine ausgewogene Ernährung achten und genügend trinken. Die meisten dieser Produkte, die es in Apotheken gibt, bieten zudem verschiedene Rezepte für ausgewogene Ernährung auf dem Beipackzettel an. Es handelt sich hierbei also um keine Diätform im herkömmlichen Sinne, sondern um eine Unterstützungsform.

Auf korrekte Weise angewendet, handelt es sich um eine gesundheitlich unbedenkliche Art, den Magen zu füllen. Allerdings kann der unsachgemäße Gebrauch – also wenn jemand meint, viel helfe viel und sich gleich eine ganze Packung dieser Quellstoffe auf einmal einverleibt und dann nicht genügend isst und trinkt – schwerwiegende Komplikationen bis hin zum Darmverschluss verursachen.

Quellstoffe sind kein Wundermittel, und je adipöser ein Mensch ist und je mehr sein Magen sich bereits geweitet und dem Überangebot an Speisen angepasst hat, umso schneller wird der Effekt verpuffen. Am ehesten können Menschen mit moderatem Übergewicht, die dazu neigen, einfach zu viel zu essen, davon profitieren, wenn sich das Sättigungsgefühl schneller einstellt. Andererseits ist zu bedenken, dass viele

Übergewichtige ihr persönliches Sättigungsgefühl nur noch rudimentär wahrnehmen, da es vom allgemeinen Appetit überlagert wird. Und der Appetit existiert unabhängig vom Sättigungsgefühl. Der findet erst dann sein Ende, wenn einem bereits schlecht ist, da man sich überfressen hat.

Eine Unterstützung durch Quellstoffe ist nur dann sinnvoll, wenn man zum einen noch bemerkt, wann man überhaupt satt ist, und zum anderen in der Lage ist, die Nahrungsaufnahme nach Erreichen des Sättigungsgefühls zu beenden.

Wer es gewohnt ist, so lange zu essen, bis es weh tut, weil sich vorher keine ausreichende Befriedigung einstellt, sollte die Finger von Quellstoffen lassen. Er wird höchstens dazu verleitet, damit einen gefährlichen Missbrauch zu betreiben, der im Falle eines Darmverschlusses sogar lebensgefährlich sein kann.

## Diäten nach vorgefertigtem Plan

Vorgefertigte Plandiäten gibt es für alle gängigen Abnehm-
methoden. Am bekanntesten sind die klassischen Diäten
aus Frauenzeitschriften, in denen man für die nächsten vier
bis zwölf Wochen Rezepte findet, nach denen man sich vollständig richten muss, um sein Zielgewicht zu erreichen. Es
handelt sich hierbei um ausgeklügelte, kalorienreduzierte
Gerichte, die abwechslungsreich und wohlschmeckend sein
sollen, aber auch über den ganzen Tag verteilt Mahlzeiten-
angebote machen. Meist werden bei solchen Diätformen fünf
Mahlzeiten über den Tag verteilt.

Der Vorteil solcher Diäten liegt darin, dass sie tatsächlich
funktionieren, wenn man sich exakt daran hält. Sie können
entweder auf kalorienbewusste Ernährung oder Low Carb
oder Paleo ausgerichtet sein – je nachdem, was gerade angesagt ist und gute Verkaufszahlen für die entsprechende
Zeitschrift bedeutet. Wer Zeit und Lust hat, nach Rezepten
zu kochen und noch dazu beruflich nicht so eingebunden
ist, dass er fünfmal am Tag die entsprechenden Gerichte zu
sich nehmen kann, wird sich mit so einer Diät wohl fühlen.
Sie ist also am besten für Hausfrauen und -männer sowie für
Freiberufler und Arbeitslose geeignet (wobei die Arbeitslosen
berücksichtigen müssen, dass manche dieser Rezepte recht
ausgefallene, kostspielige Zutaten erfordern, die das Budget
leicht sprengen können). Menschen, die im Büro arbeiten,
können es vielleicht auch noch hinkriegen, aber wer im Supermarkt an der Kasse sitzt oder als Handwerker arbeitet, wird
Probleme haben, die nötige Zeit für diese Diätform zu finden.

Ein weiterer Nachteil liegt darin, dass es auch bei diesen Diäten allenfalls zu einer rudimentären Ernährungsumstellung kommt. Man bekommt genau vorgeschrieben, was man wann zu essen hat, hält sich sklavisch daran, und wenn man nach sechs Wochen mit der Diät fertig ist, hat man vielleicht einige Kilogramm abgenommen. Doch anschließend hat man keine schönen vorgefertigten Rezepte mehr – vielleicht genießt man auch die Freizeit, die man hat, wenn es reicht, sich endlich wieder eine Tiefkühlpizza in den Ofen zu schieben, anstatt stundenlang kleine Mahlzeiten vorzubereiten. Aber wir wissen ja, was dann passiert, nicht wahr?

Wer sich während dieser Diät keine Gedanken darüber macht, was er tun wird, wenn er erst mal schlank ist, um dieses Gewicht zu halten, wird unweigerlich wieder «normal» essen, wenn das Ziel erreicht ist, und dann über den Jojo-Effekt schimpfen.

## Essen nach der Uhrzeit

Einige Menschen schwören darauf, ab einer bestimmten Uhrzeit einfach nichts mehr zu essen und dann wie von selbst schlank zu werden. Das kann funktionieren. Ich hatte einen Arbeitskollegen, der unmittelbar nach seinem Studium als Arzt im Praktikum auf unserer Station anfing – ein netter Kerl, etwas zu pummelig, obwohl er doch eigentlich ein sportlicher Typ war. Ein halbes Jahr nachdem er seine Tätigkeit bei uns aufgenommen hatte, war er plötzlich schlank – und ich fragte ihn, wie er das gemacht habe. Er erklärte daraufhin, dass er während seines Studiums und insbesondere vor den Abschlussprüfungen bis spät in die Nacht über seinen Büchern gesessen und gelernt habe. Dabei habe er immer gegessen. Jetzt, da er das Studium abgeschlossen habe, hätte er sich selbst die Grenze gesetzt, nach 22 Uhr nichts mehr zu essen. Da er zudem abends nicht mehr lernte, sondern wieder vermehrt zum Sport ging, wofür er lange nicht die Ruhe und Muße gehabt hatte, erreichte er sein altes Gewicht beinahe wie von selbst.

In diesem Fall wird der Umkehreffekt deutlich, der eintreten kann, wenn sich Lebensumstände, die zum Übergewicht führten, wieder in den Zustand vor dem Übergewicht zurückverändern: Ein ursprünglich schlanker, sportlicher Mensch, der durch stressbedingte Belastungen keine Zeit mehr zum Sport hat und stattdessen beim Lernen isst, wird dick. Als die Belastung vorüber ist, kehrt er zu den Gewohnheiten seines alten, schlanken Ichs zurück, und das Übergewicht scheint ganz von selbst innerhalb eines halben Jahres zu verschwinden.

Nun war es bei dem Kollegen selbstverständlich nicht allein die Tatsache, dass er nach 22 Uhr aufs Essen verzichtete, sondern dass er sich zeitgleich auch wieder vermehrt bewegte und Sport trieb.

Die reine Ernährungsumstellung, die besagt, dass man nach einer bestimmten Uhrzeit nichts mehr essen darf, kann allerdings auch funktionieren – wenngleich mit Schwierigkeiten.

Wenn wir tatsächlich dadurch dick geworden sind, dass wir angefangen haben, abends vor dem Fernsehgerät zu essen, können wir uns ein Limit setzen. Wenn man tagsüber bereits ausreichend gegessen hat und sich sagt, nach 18 Uhr ist Schluss, da wird nichts mehr gegessen, kann das funktionieren.

Während die meisten Diätformen den Alleinstehenden bevorzugen, da er bei der Umstellung seiner Ernährungsgewohnheiten keine Rücksicht auf die Familie nehmen muss, sondern sich nur um seinen eigenen Diätrhythmus kümmern muss, bevorzugt die geplante Nahrungskarenz ab einer bestimmten Uhrzeit den Familienmenschen. Wer abends allein vor dem Fernseher sitzt, neigt viel schneller dazu, seine Gedanken zum Essen schweifen zu lassen. Wenn man sich hingegen angeregt mit anderen unterhält oder Gesellschaftsspiele spielt, vergisst man ganz von selbst das Essen – vor allem dann, wenn man vorher gemeinsam zu Abend gegessen und keine Knabbereien griffbereit hat. Man sollte allerdings auch auf kalorienreiche Getränke, zu denen der Alkohol gehört, verzichten, da der Effekt sonst sehr schnell verpuffen kann.

Problematisch wird es, wenn sich eine Gruppe von übergewichtigen Genussmenschen zusammengefunden hat – die könnten sich zwar einerseits zum Durchhalten motivieren, aber sollte nur einer unter ihnen sein, der meint: «Ach Leute, ich habe ein leckeres Rezept für eine neue Pizza gefunden, das können wir doch heute mal ausprobieren. Morgen ist ja immer noch ein Tag zum Abnehmen», kann der Erfolg schon wieder für die Katz sein. Es sei denn, es ist ein Kandidat mit zwanghaften Anteilen darunter, der sofort mit Sanktionen droht: «Nein, wir halten uns an die Regeln, oder du darfst die nächsten vier Wochen den Abwasch ganz allein machen.»

Zwanghafte können ganz schöne Spielverderber sein – aber dafür sind sie als Partner beim Abnehmen unbezahlbar.

# Intermittierendes Fasten

Eine weitere Form des Abnehmens, bei der es auf die Zeiten ankommt, zu denen gegessen wird, ist das intermittierende Fasten. Die Theorie dahinter besagt, dass der Körper durch das Fasten in einen anderen Stoffwechselmodus kommt, durch den mehr Energie verbraucht wird. Ungeachtet dessen hat man durch das Fasten natürlich auch viel weniger Zeit, Energie aufzunehmen. Andererseits gilt es zu berücksichtigen, dass kein Fastenstoffwechsel so effektiv ist, dass er hemmungsloses Schlemmen während der Essenszeiten ausgleichen kann. Wer mit dem intermittierenden Fasten erfolgreich Gewicht verlieren möchte, sollte sich zusätzlich ausgewogen und gesund ernähren.

Es gibt viele verschiedene Formen, aber am bekanntesten sind folgende vier Varianten des intermittierenden Fastens.

### 1. 36:12-Rhythmus

Bei dieser Art des Fastens wird an einem Tag normal über zwölf Stunden gegessen, meist von acht Uhr morgens bis acht Uhr abends. In der Nacht und während des folgenden Tages wird nichts gegessen, und erst am übernächsten Tag – also nach sechsunddreißig Stunden der Nahrungskarenz – wird das Fasten mit dem Frühstück wieder gebrochen.

Da man also über sechsunddreißig Stunden keinerlei Kalorien zu sich nimmt, kann man während der zwölf Stunden, in denen das Essen erlaubt ist, alles essen, was einem schmeckt – wobei die Freunde dieser Fastenmethode auf gesunde Lebensmittel Wert legen und zu viel Zucker und Fastfood während der Essphasen ablehnen. In normalem Maß ist allerdings alles erlaubt.

## 2. 16 : 8-Rhythmus

Bei diesem Rhythmus fastet man sechzehn Stunden lang und kann acht Stunden lang essen, was einem schmeckt. Wer also morgens lieber länger schläft und dann direkt ins Büro fährt, ohne zu frühstücken, nimmt seine erste Mahlzeit am Mittag zu sich. Wenn man um 13 Uhr zu Mittag isst, kann man mit dieser Fastenmethode bis 21 Uhr essen und nach 21 Uhr bis zum nächsten Mittagessen wieder aufs Essen verzichten. Das Problem hierbei ist folgendes: Wer gern sündigt und an seiner Ernährung nichts weiter umstellt, wird damit nicht abnehmen, denn zwischen 13 Uhr und 21 Uhr kann man sich natürlich mit Süßigkeiten oder Alkohol neben dem normalen Essen enorm viele Kalorien zuführen. Wer aber parallel eine Reduktionsdiät durchführt, kann sie durch diese Art des intermittierenden Fastens sehr gut unterstützen, insbesondere dann, wenn man ein Genussmensch ist, der gern abends isst.

## 3. 20 : 4-Rhythmus

Bei diesem Fastenrhythmus darf nur an vier Stunden pro Tag gegessen werden. Diese Art des Fastens ist vor allem für Menschen geeignet, die ihren Tagesablauf gut strukturieren und während einer Abnehmphase nicht ständig ans Essen denken, weil sie genügend andere Interessen haben, mit denen sie sich ablenken können. Wer aber mit Genuss isst, wird ein Problem bekommen und eventuell dazu neigen, innerhalb der erlaubten vier Stunden viel mehr zu essen, als er eigentlich bräuchte – einfach nur weil er jetzt endlich «darf». Im schlimmsten Fall kann man auf diese Weise sogar Gewicht zunehmen, wenn man denkt: «Wenn ich nur in diesen vier Stunden esse, dann aber auch richtig – und wenn ich dabei krepiere!»

### 4. 5 : 2 -Diät

Damit sind einzelne Fastentage gemeint. Man isst an fünf Tagen in der Woche normal und fastet an zwei Tagen. Diese Art des Fastens kann neben dem Fastenmodus, der sich auf den Stoffwechsel auswirken soll, dadurch einen positiven Effekt haben, dass man die Energiezufuhr von zwei normalen Tagen einspart. Wenn man es durchhält, regelmäßig zweimal pro Woche vierundzwanzig Stunden lang nichts zu essen, ohne dass man körperliche Beschwerden entwickelt, ist diese Methode auch zum Gewichthalten geeignet, wenn man – nachdem man endlich schlank geworden ist – «normal weiteressen» will – also wie bisher zu viel. Dadurch, dass man dann an zwei Tagen in der Woche gar nichts isst, bleibt das gesamte Energiedefizit gleich, denn im Schnitt spart man so viertausend Kalorien pro Woche ein, die man an den anderen Tagen mit verbrauchen darf, ohne dass sie aufs Hüftgolddepot kommen.

## Rohkost, vegetarische Küche
## und veganes Leben

Viele Menschen schwören auf Rohkost oder vegetarisch-vegane Ernährung – sei es aus ideologischen Gründen, weil es gerade modern ist oder weil sie abnehmen wollen.

Selbstverständlich lässt sich mit Rohkost, zu der nur frisches Obst und Gemüse zählt, Gewicht verlieren. Insbesondere, wenn man sich in der adipösen Gewichtsklasse bewegt, kann eine radikale Ernährungsumstellung auf Rohkost hilfreich sein, da Obst und Gemüse im Allgemeinen weniger Kalorien haben als Getreideerzeugnisse und Süßigkeiten. Wenn man Nüsse zur Rohkost hinzuzählt, kann der Schuss allerdings ganz schnell nach hinten losgehen – über den hohen Energiegehalt der Nüsse habe ich bereits im Kapitel zur Paleo-Diät geschrieben. Ein Pfund Walnusskerne, die man nebenher über den Tag verteilt nascht, schlagen mit dreitausend (!) Kalorien zu Buche.

Wer sich für die Rohkost interessiert, sollte sich zunächst mit einschlägigen Ratgebern zu dem Thema vertraut machen, um das Für und Wider selbst abwägen zu können.

Was hingegen die vegetarische oder vegane Ernährung angeht: Hierbei handelt es sich letztlich um eine Lebensweise, die nicht explizit auf eine Gewichtsreduktion ausgerichtet ist. Ganz im Gegenteil, ich kenne etliche massiv übergewichtige Veganerinnen, die zwar eine vegane Lebensweise präferieren, da sie das Schlachten von Tieren für ethisch unverantwortlich halten, aber dennoch Genussmenschen sind. Es gibt heute so viele vegane Rezepte für Torten, Schokolade und sonstige Dickmacher, dass sich die Gewichtsprobleme von Veganern, Vegetariern und Allesessern kaum unterscheiden. Für Veganer und Vegetarier, die abnehmen wollen, gilt deshalb genau das Gleiche wie für alle anderen: Man muss mehr Energie verbrauchen, als man zu sich nimmt. Und vegane Schokolade hat teilweise sogar noch mehr Kalorien als normale Vollmilchschokolade.

## Sonstige Modediäten

Zu guter Letzt widme ich noch ein kurzes Kapitel den sogenannten Modediäten. Wir hören immer wieder von neuen Diäten aus Hollywood, bei denen man zum Teil nur von Ananas lebt oder nur von Erdbeeren, Wassermelonen oder was auch immer, mit denen übergewichtige Schauspieler sich schnell für eine neue Rolle schlank hungern. Im Grunde kann man all diese Diätformen dadurch zusammenfassen, dass sie auf eine kurzfristige, komplette Umstellung der Ernährung ausgerichtet sind. Oftmals versprechen sie geradezu traumhafte Ergebnisse wie «20 Kilo in 20 Tagen», was natürlich illusorisch ist.

Man muss schlicht unterscheiden, was eigentlich abgenommen wird – wird tatsächlich Fett abgebaut? Nein, natürlich nicht, denn um ein Kilo Fett zu verbrennen, müssen bekanntermaßen siebentausend Kalorien aus den körpereigenen Beständen verbraucht werden. Zwanzig Kilo Fett bedeuten also 140 000 eingesparte Kalorien. Wenn wir davon ausgehen, dass ein sportlich aktiver Mensch, der nebenher noch schwer arbeitet (was in unserer heutigen dienstleistungsorientierten und bürogesteuerten Gesellschaft die Ausnahme sein dürfte), tatsächlich dreitausend Kalorien am Tag verbraucht, bräuchte dieser Mensch selbst bei einer kompletten Nulldiät ganze sechsundvierzig Tage, ehe er zwanzig Kilogramm Fett verbraucht hätte.

Diäten, die einen kurzfristigen, schnellen Erfolg von mehreren Kilogramm versprechen, sind deshalb allesamt mit Argwohn zu betrachten. In den ersten Tagen kann es tatsächlich zu Gewichtsverlusten von mehreren Kilogramm kommen, aber das ist lediglich körpereigenes Wasser, das durch bestimmte Nährstoffe vermehrt ausgeschwemmt wird. Die Waage zeigt zwar etliche Kilo weniger an, aber tatsächlich hat man vermutlich gerade erst ein Pfund reines Fettgewebe verloren. Genauso erklärt es sich auch, wenn man innerhalb eines Tages plötzlich zwei Kilo zunimmt. Dabei handelt es sich ebenfalls um Wassereinlagerungen, denn um zwei Kilo Fett zu produzieren, hätte man 14 000 Kalorien zu sich nehmen müssen – und das schafft innerhalb eines Tages nicht mal ein Weltmeister der Fresssucht.

Modediäten können trotzdem hilfreich sein, wenn man zu denen gehört, die über Weihnachten zwei oder drei Kilo zugelegt haben, die sie jetzt gern wieder loswerden wollen, weil die Hose kneift. Sie sind also eher etwas für Menschen, die mit ihrem Gewicht prinzipiell zufrieden sind, aber merken, dass es sich in eine falsche Richtung entwickelt und deshalb den Anfängen wehren wollen. Für Menschen, die mehr als zehn Kilogramm Übergewicht haben, sind sie in den meisten Fällen keine dauerhafte Lösung.

## Wunderpillen, die den Stoffwechsel ankurbeln
## und die die Diätindustrie vor uns versteckt

... sind lediglich ein beliebter Mythos, an den alle glauben, die den mühsamen Weg zum Normalgewicht scheuen. Solche Wunderpillen gibt es nicht (mal abgesehen von den Pillen mit den Bandwurmeiern, aber das ist eklig, unethisch und gesundheitlich bedenklich).

Glauben Sie im Ernst, die Krankenkassen würden teure Operationen zur Magenverkleinerung bezahlen, die zum Teil zu massiven Folgekosten bei Spätfolgen und Komplikationen führen, wenn es eine Wunderpille gäbe? Die Firma, die diese Wunderpille erfunden hätte, würde ein Bombengeschäft machen und selbst Bill Gates wie einen armen Schlucker aussehen lassen.

Falls Sie jedoch davon überzeugt sind, dass die Diät-Mafia dem Erfinder der Wunderpille längst mit Mord gedroht hat, damit er seine geheime Formel verschwinden lässt, haben Sie im Selbsttest vermutlich übermäßig häufig Antwort (a) angekreuzt und besitzen eine paranoide Persönlichkeit. Warten Sie nicht länger auf die Wunderpille. Sie haben zwei Möglichkeiten: Entweder Sie bleiben so, wie Sie sind, oder Sie ändern etwas an Ihrem Leben. Beides ist in Ordnung, aber leben Sie endlich und hören Sie auf, auf irgendetwas zu warten, das zu Ihren Lebzeiten niemals eintreten wird!

## Erhöhung des Energieverbrauchs
## durch Sport und Bewegung

Eine sehr gesunde und beliebte Methode zum Abnehmen ist die körperliche Bewegung. Wer Sport treibt, lebt nicht nur gesünder, sondern nimmt auch ab – jedenfalls dann, wenn er sich im Anschluss an den Sport nicht regelmäßig mit einer Tafel Schokolade oder einer Pizza belohnt und die mühsam abtrainierten Kalorien auf diese Weise sofort wieder aufnimmt.

Jeder weiß das eigentlich, und trotzdem kommt die körperliche Bewegung bei vielen von uns regelmäßig zu kurz. Der häufigste Grund liegt in der Art, wie wir unser Leben gestalten. Um eine «dicke Persönlichkeit» zu entwickeln, hat sich in unserem Leben nicht nur das Essverhalten verändert, sondern auch unser Bewegungsverhalten. Es ist zu kurz gegriffen, wenn man von «Bewegungsmuffeln» spricht oder Menschen, die keinen Sport treiben, Faulheit vorwirft. Es gilt vielmehr zu ergründen, warum in unserem Leben kein Raum für Bewegung und Sport geblieben ist.

Es ist leicht zu behaupten, man könnte problemlos Bewegungsroutinen in jeden Tagesablauf einbauen. Selbstverständlich kann man das tun, aber es verlangt viel Selbstdisziplin, das auch tatsächlich umzusetzen. Wer sich gern an Regeln hält und gut mit dem Kalorienzählen als Abnehmmethode klarkommt, kann ebenso selbstdiszipliniert Spaziergänge oder Trainingseinheiten auf dem Hometrainer einplanen – und sei es nur, um bei der nächsten Grillparty etwas mehr essen zu dürfen.

Wer aber neben der Berufstätigkeit noch vielfältige andere Verpflichtungen oder Interessen hat, wird – sofern er keine zwanghaften Anteile in sich trägt, die jede selbstgestellte Regel zum eisernen Gesetz werden lassen – am ehesten dort Zeit einsparen, wo es sich um Dinge handelt, die er nicht gern tut. Das Ergometertraining wird dann zur lästigen Pflicht, und der teuer gekaufte Heimtrainer mutiert nach wenigen Tagen zum zusätzlichen Kleiderständer. Und wenn man dort erst mal seine Garderobe abgelegt hat, nutzt man ihn noch seltener, denn man will ja nicht alles wegräumen ...

Um diesem Teufelskreis zu entgehen, könnte man entsprechende Bewegungsroutinen mit Dingen, die man gern tut und die ebenfalls erledigt werden müssen, verbinden. Wenn die Wohnung groß genug ist, könnte man das Ergometer etwa in Sichtweite zum Fernsehgerät aufstellen und, anstatt beim Fernsehen zu naschen, kräftig in die Pedale treten. Allerdings sollte man nicht glauben, dass dies der Weisheit letzter Schluss ist – wenn die Sendung spannend wird und man richtig mitfiebert, sich aber aus falsch verstandenem Ehrgeiz das Ergometer zu schwer eingestellt hat, wird das Trampeln eher als lästig wahrgenommen. Und das ständige Surren der Pedalen kann den Genuss ebenfalls trüben. Hier könnten unter Umständen Kopfhörer hilfreich sein.

Falls die Wohnung jedoch zu klein ist, um ein Sportgerät direkt vor dem Fernseher in Stellung zu bringen oder dies den allgemeinen Familiengenuss schmälert, weil sich die anderen vom Geräusch des Ergometers gestört fühlen, kann man diese Methode gleich vergessen. Man sollte sich immer wieder klarmachen, dass man alles, was man nicht aus vollster

Überzeugung oder aus Leidenschaft tut, über kurz oder lang aufgeben wird. Und wenn man noch dazu unter chronischem Zeitmangel leidet und kein Interesse am Sport hat, wird der Sport als Erstes über Bord geworfen – ganz gleich, ob es gesund ist oder nicht. Manche Wahrheiten müssen einfach ausgesprochen werden, auch wenn sie wehtun.

Was bezüglich des Energieverbrauchs massiv unterschätzt wird, ist das allgemeine «Spazierengehen». Bereits eine halbe Stunde normales Spazierengehen, das deutlich langsamer als strammes Wandern oder gar Joggen ist, schlägt im Allgemeinen mit 100 verbrauchten Kalorien zu Buche. Wenn es also gelingt, pro Tag – auch durchaus auf mehrere kleinere Einheiten verteilt – auf eine Stunde Spazierengehen zu kommen, hat man damit 200 Kalorien eingespart. Natürlich ist das Eis auf dem Weg dann tabu – eine Kugel Eis in der Waffel hebt diesen Effekt nämlich sofort wieder auf. Vor diesem Hintergrund sollte man, wenn man mit dem Auto unterwegs ist, ruhig mal den etwas weiter entfernten Parkplatz nutzen, anstatt zigmal um den Block zu kurven, um nur ja nicht laufen zu müssen.

Bewegungsroutinen müssen individuell zu demjenigen passen, der sie in seinen zeitlich engen Terminkalender einplant. Und manchmal ist es – wenn man in einem großen Bürogebäude arbeitet – auch wesentlich effizienter, die Treppen nach unten zu nehmen, als auf den Aufzug zu warten. Bis der nämlich da ist, ist man zu Fuß längst unten. Nach oben sieht das anders aus, aber wer es wirklich ernst meint, kann auch die Treppen nach oben in seine Bewegungsroutine einbauen. Für sich allein betrachtet, bringt das natürlich nicht so viel, wie eine Stunde spazieren zu gehen, da zwei Minuten Treppensteigen nur rund 8 Kalorien verbrauchen, aber es schadet nicht, und die körperliche Fitness steigt.

Ein weiterer wesentlicher Aspekt ist der Spaß. Ja, Sport kann auch Spaß machen, wenn man die für sich richtige Sportart findet.

Gibt es irgendetwas, das Sie schon lange mal wieder tun wollten, aber zu dem Sie sich nicht aufraffen konnten?

Es gibt vielfältige Möglichkeiten. Wenn Sie am Wasser leben, können Sie sich vielleicht ein Ruderboot, Kanu oder Tretboot mieten, sobald die ersten Frühlingssonnenstrahlen uns zu mehr Aktivität verleiten. Oder leben Sie im ländlichen Gebiet und wollten schon seit langem endlich mal wieder mit dem Reiten anfangen, was Sie zuletzt in Ihrer Kindheit taten? Mögen Sie Waldspaziergänge oder geführte Wanderungen zu besonderen Aussichtsplätzen? (Aber Vorsicht vor dem Kuchen in den entsprechenden Ausflugslokalen – der ruiniert Ihnen ganz schnell die Bilanz.)

Wollten Sie im Urlaub schon immer mal eine neue Sportart erlernen, haben sich aber wegen Ihres Übergewichts nicht getraut, weil Sie nicht beweglich genug waren? Vielleicht ist es ja tatsächlich nur Ihre eigene Angst, die in Wirklichkeit nichts mit der Realität zu tun hat. Wer etwas versuchen will, sollte es tun – ganz gleich, was andere von einem denken.

Problematisch wird es, wenn Sie sich selbst unter Druck setzen. Wenn Sie sich also eine teure Mitgliedschaft für ein Fitnesscenter gönnen, weil Sie davon überzeugt sind, dass Sie die dann auch ausnutzen werden. Das ist ein Irrglaube – die meisten Menschen versuchen danach bloß, schnell wieder aus dem Vertrag rauszukommen, oder nehmen es zähneknirschend als Lehrgeld. Schließen Sie keine langfristigen Verträge mit Sportclubs ab, wenn Sie nicht wirklich von innen heraus motiviert sind, sondern es als einen weiteren Anreiz von außen sehen. Äußere Motivationen reichen allein nicht aus, um dauerhaft bei der Stange zu bleiben. Und hier liegt das Hauptproblem: Wie finde ich zu meinem inneren, ureigenen Antrieb, mich regelmäßig zu bewegen?

Bin ich ein Gruppenmensch, der Freude an der gemeinsamen Bewegung mit anderen hat, oder eher der Einzelgänger? Habe ich Spaß daran, mich mit anderen im Konkurrenzkampf zu messen und dadurch Selbstbestätigung zu erfahren, oder lasse ich es lieber, weil ich Angst habe, völlig zu versagen?

Habe ich ein bestimmtes Ziel für mich selbst? Will ich es schaffen, wieder sechs Stockwerke zu Fuß nach oben laufen zu können, ohne außer Atem zu sein? Und wenn ja, wie wichtig ist mir dieses Ziel? Bin ich bereit, dafür auf etwas anderes zu verzichten?

Die Frage nach dem Verzicht stellt sich auch beim Sport. Sport macht Spaß, und viele Menschen möchten nicht darauf verzichten. Aber ebenso viele Menschen sind mit ihrem unsportlichen Leben und ihren anderen Hobbys zufrieden. Sie möchten weder auf den gemütlichen Fernsehabend auf der Couch verzichten noch auf das gesellige Essen und Feiern. Wobei auch Feiern zur körperlichen Bewegung beitragen kann – wenn man entsprechend das Tanzbein schwingt. Tanzen ist gesund und verbraucht je nach Art ebenfalls eine Menge Kalorien. Und wenn man dabei den passenden Partner findet, sollte man wissen, dass intensiver Sex ebenfalls eine Menge Kalorien verbraucht ...

Wichtig ist vor allem eines – man darf Bewegung nicht automatisch mit Sport gleichsetzen. Die Erhöhung der körperlichen Bewegung ist wesentlich vielfältiger möglich, als sich einfach nur auf Sport zu beschränken. Ebenso wie man eine Übersicht über seine Ernährung braucht, wenn man erfolgreich abnehmen will, braucht man auch eine Übersicht über die Dinge, die man gern im Rahmen körperlicher Bewegung tut. Und solange man noch nicht so dick ist, dass man im Sessel festgewachsen ist, gibt es immer irgendwelche Möglichkeiten, körperlich mehr Energie zu verbrauchen. Das Wichtigste dabei ist jedoch, dass man – sollte man sich zu mehr Bewegung entschlossen haben – den Effekt nicht gleich durch erhöhte Nahrungszufuhr zur Belohnung wieder zunichtemacht. Dazu kann es sehr sinnvoll sein, sich im Internet einen Überblick darüber zu verschaffen, wie viele Kalorien welche Form der Bewegung verbraucht. Es gibt heutzutage Apps, die einem sogar ausrechnen, wie viele Kalorien man beim Autofahren, Fensterputzen, Bettenmachen oder Bügeln verbraucht. Wenn Sie abnehmen wollen und Ihren gebrechlichen Nachbarn deshalb anbieten, für sie die Fenster zu putzen, verbrauchen Sie nicht nur Kalorien, sondern fördern auch das allgemeine Zusammenleben und tun anderen Menschen etwas Gutes.

Denken Sie großzügig und lassen Sie Ihre Phantasie spielen, auf welche Weise Sie sich mehr bewegen können. Dann werden Sie am ehesten einen Weg finden, der zu Ihnen passt.

# Operative Methoden
## zur Gewichtsreduktion

Der Traum eines jeden Übergewichtigen besteht darin, ohne großartige Mühen abends einzuschlafen, morgens schlank aufzuwachen und ansonsten sein Leben ganz normal wie immer weiterführen zu können.

Da keine «Wunderpille» existiert, die das Fett auf einmal verschwinden lässt, gab es schon früh die Hoffnung, überzähliges Fett einfach durch Operationen loszuwerden. Warum – so fragt sich der Laie – kann man das überflüssige Fett nicht einfach wegschneiden?

Das Problem ist vielschichtig. Zum einen handelt es sich um eine schwerwiegende, große Operation, wenn man einfach das gesamte Bauchfett entfernen wollte. Derartige Wunden heilen schlecht, Wundkomplikationen sind häufig – das wird jeder adipöse Mensch bestätigen können, der sich jemals einer Operation unterzogen hat. Bei geplanten Operationen legt man den übergewichtigen Betroffenen gern eine Gewichtsreduktion vor der Operation nahe, um eine bessere Wundheilung zu gewährleisten.

Das Fettgewebe, das uns beim Übergewicht Probleme bereitet, ist das Depotfett. Die Zahl der Fettzellen ist dabei sowohl im schlanken als auch im morbid-adipösen Zustand nahezu die gleiche – allerdings werden die Fettzellen größer, je mehr Energie sie für uns auf der Hüftgoldbank speichern. Das ist so ähnlich wie mit leeren Geldsäcken, die nach und nach aufgefüllt werden.

# Fettabsaugung

Eine der frühesten operativen Methoden zur Fettreduktion ist die Fettabsaugung. Hierbei ist allerdings festzuhalten, dass eine Fettabsaugung nicht zur Reduktion von Übergewicht taugt, sondern vielmehr diätresistente Fettpölsterchen an Problemzonen entfernen soll – beispielsweise Reiterhosen an den Oberschenkeln.

Es gibt verschiedene Methoden der Fettabsaugung, allen gemeinsam ist, dass die Fettzellen durch Einspritzen oder Umhüllung mit Flüssigkeit in einen Zustand versetzt werden, in dem sie operativ abgesaugt werden können. Wenn man bedenkt, dass die Zunahme an Fett durch Vergrößerung der Fettzellen entsteht und sich die Zahl der Fettzellen bei der Gewichtszunahme allenfalls unwesentlich verändert, lässt sich das kosmetische Risiko bei einer derartigen Operation leicht erkennen. Ein symmetrischer Körper, der aus einzelnen Bausteinen – in diesem Fall Fettzellen – besteht, wird durch die Flüssigkeitseinspritzungen vor dem Fettabsaugen durcheinandergewürfelt. Anschließend werden wahllos einige der Fettzellen abgesaugt, sodass es von außen einigermaßen passend aussieht. Selbst wenn das Ergebnis unmittelbar nach der Operation gut aussehen sollte, ist das keine Garantie dafür, dass dies so bleibt. Bei weiteren Gewichtsveränderungen im Laufe des Lebens kann sich die Größe der noch vorhandenen Fettzellen verändern, und dann können hässliche Dellen entstehen, weil das Gesamtgefüge der Fettzellen durch die Fettabsaugung an dieser Stelle zerstört wurde.

Ein Arzt, der seinen Lebensunterhalt durch Fettabsaugungen bestreitet, wird jetzt natürlich genau das Gegenteil behaupten und Ihnen versichern, dass das alles harmlos ist – genauso wie die Autoindustrie von den niedrigen $CO_2$-Emmissionen ihrer Dieselmotoren schwärmt. Hinterher ist man immer schlauer ...

Ungeachtet dessen ist es ein schwerwiegender Eingriff, vor allem, wenn viel Fett abgesaugt wird. Fett ist ein eigenes Organ, und wenn diesem Organ Teile brutal entrissen werden, ist der Körper schwer verwundet und muss erst einmal seinen eigenen Heilungsprozess einleiten.

Wer sich also nur aus rein kosmetischen Gründen für eine Fettabsaugung entscheidet, sollte sich klarmachen, dass er unter Umständen anschließend schlechter dran ist als zuvor. Und zur Gewichtsreduktion taugt sie ohnehin nicht.

Erschwerend kommt hinzu, dass diese Form der Behandlung meist in Privatpraxen durchgeführt wird, die zwar allesamt schöne Internetpräsenzen haben, in denen alles in den rosigsten Farben dargestellt wird, die es dem Laien allerdings sehr schwermachen zu entscheiden, ob der Arzt nun wirklich ein Facharzt ist oder sich einer ungeschützten Bezeichnung wie «Schönheitschirurg» oder einer ähnlich wohlklingenden, selbsterfundenen Namensgebung bedient. Legal ist das – jeder approbierte Arzt darf operieren, ob er das nun kann oder nicht. Interessant wird es erst bei den haftungsrechtlichen Fragen, aber dann ist es für Sie eh zu spät. Was haben Sie von einem mickrigen Schmerzensgeld nach jahrelangen Zivilprozessen? Im Zweifelsfall sollte man sich lieber in den USA operieren lassen – da stimmt wenigstens die Entschädigungszahlung, wenn Sie für den Rest Ihres Lebens gezeichnet sind.

Es lohnt sich also, wenn Sie wirklich nicht die Finger von dieser Methode lassen wollen, die Vita Ihres Behandlers sehr genau zu studieren und sich auch mit interessanten ausländischen Abkürzungen auseinanderzusetzen, da man in manchen Ländern sowohl Doktortitel als auch Facharztbezeichnungen kaufen kann, dies dann aber – sofern man in Deutschland praktizieren will – im Kleingedruckten zu erwähnen hat.

Man sollte sich auch darüber informieren, mit welcher großen Klinik die Privatpraxis zusammenarbeitet, für den Fall, dass es unter der Operation zu einer Komplikation kommen sollte, die eine intensivmedizinische Behandlung erforderlich macht. Ein schneller Transport in eine Fachklinik kann unter Umständen Leben retten. Eine seriöse Praxis wird all diese Fragen ausführlich und offen beantworten. Wenn Sie auf jemanden treffen, der das alles bagatellisiert und abwiegelt, lassen Sie lieber die Finger davon – selbst dann, wenn Sie die OP zum Schnäppchenpreis bekommen.

## Die Adipositaschirurgie

Im Gegensatz zur Fettabsaugung handelt es sich bei der bariatrischen Operation um eine Operationsmethode, die gezielt zur Gewichtsreduktion angewandt wird und für die es auch entsprechende ärztliche Leitlinien der Deutschen Adipositas-Gesellschaft (DAG) gibt. Behandlungsmethoden, für die es sogenannte S3-Leitlinien gibt, sind offiziell anerkannt und werden von den gesetzlichen Krankenkassen übernommen, sofern die Voraussetzungen für die Indikationsstellung vorliegen.

Entscheidend ist, dass eine operative Maßnahme zur Gewichtsreduktion eine vorhergehende interdisziplinäre ärztliche Stellungnahme erfordert. In diesem Zusammenhang sollte eine Vorstellung bei einem in der konservativen Adipositastherapie erfahrenen Arzt erfolgen, und der Patient sollte bereits präoperativ von einer Ernährungsfachkraft betreut werden. Insbesondere wird in der Leitlinie darauf hingewiesen, dass bei allen Patienten die Konsultation eines möglichst in der Therapie der Adipositas tätigen klinischen Psychologen, Psychosomatikers oder Psychiaters in Betracht gezogen werden soll. Die Vorstellung beim Chirurgen sollte gemäß der Leitlinie mehr als einmal erfolgen. Ein ausreichend langes Zeitintervall von einigen Wochen bis zur Operation wird als sinnvoll erachtet – in dieser Zeit soll außerdem versucht werden, eine Gewichtsreduktion auf konservativem Weg zu erreichen. Eine gezielte präoperative Gewichtsreduktion über einen festgelegten Zeitraum verspricht auch eine bessere Abnahme nach der Operation.

Zur Indikation heißt es in den Leitlinien:

*Bei Patienten mit einem BMI $\geq$40 kg/m$^2$ ohne Kontraindikationen ist bei Erschöpfung der konservativen Therapie nach umfassender Aufklärung eine bariatrische Operation indiziert.*

*Bei Patienten mit einem BMI zwischen 35 und 40 kg/m$^2$ und mit einer oder mehreren Adipositas-assoziierten Folge-/Begleit-*

*erkrankungen (z. B. Diabetes mellitus Typ 2, koronare Herz-krankheit, etc.) ist ebenfalls eine chirurgische Therapie indiziert, sofern die konservative Therapie erschöpft ist.*

*Bei Patienten mit einem Diabetes mellitus Typ 2 kann bereits bei einem BMI zwischen 30 und 35 kg/m$^2$ eine bariatrische Opera-tion im Rahmen einer wissenschaftlichen Studie erwogen werden. Eine chirurgische Maßnahme kann als ultima ratio nach Schei-tern wiederholter multimodaler konservativer Therapien bei extrem adipösen Jugendlichen mit erheblicher Ko-Morbidität erwogen werden.*

Interessant sind auch die Angaben, ab wann die konservati-ven Behandlungsmethoden (also das normale Abnehmen) als ausgeschöpft gelten. Hierzu heißt es in den S3-Leitlinien:

1. *Art der Behandlung:*

   *Ernährung: Möglichkeiten zur Ernährungstherapie sind dann erschöpft, wenn mittels einer energiereduzierten Mischkost und einer weiteren ernährungsmedizinischen Maßnahme (z. B. For-mula-Diät, weitere Form einer energiereduzierten Mischkost) das Therapieziel nicht erreicht wurde.*

   *Bewegung: Durchführung einer Ausdauer- und / oder Kraftaus-dauersportart mit mindestens zwei Stunden Umfang pro Woche, falls keine Barrieren bestehen (z. B. Gonarthrose für Gehsport-arten oder Scham beim Schwimmen).*

   *Psychotherapie: Durchführung einer ambulanten oder stationä-ren Psychotherapie (Verhaltenstherapie oder Tiefenpsychologie), falls eine Essstörung (binge-eating, night-eating) oder eine Psy-chopathologie (z. B. Depression, Ängstlichkeit) vorliegt.*

2. *Dauer der Behandlung:*
   *Die genannten Therapiearten müssen mindestens sechs Monate durchgeführt werden und werden spätestens nach 12 Monaten abschließend beurteilt.*

3. *Setting:*
   *Behandlungen zum Lebensstil sollten nach Möglichkeit in der Gruppe (Leitung idealerweise durch Fachpersonal) erfolgen.*

4. *Primäre Indikation:*
   *Lassen Art und / oder Schwere der Krankheit bzw. psychosoziale Gegebenheiten bei Erwachsenen annehmen, dass eine chirurgische Therapie nicht aufgeschoben werden kann oder die konservative Therapie ohne Aussicht auf Erfolg ist, kann in Ausnahmefällen auch primär eine chirurgische Therapie durchgeführt werden; die Indikation hierzu ist durch einen in der Adipositastherapie qualifizierten Arzt und einen bariatrischen Chirurgen gemeinsam zu stellen.*

Wie man sieht, wurden einige Hürden vor eine entsprechende Operation gesetzt. Wer hofft, ohne besondere Anstrengung mit Hilfe einer solchen Operation Gewicht zu verlieren, wird sich bei der Antragstellung auf Kostenübernahme sehr schnell wieder an dem Punkt sehen, an dem er von Anfang an stand – bei den konservativen Methoden zur Gewichtsreduktion, die nachweislich über einen Zeitraum von einem halben bis einem Jahr zur Anwendung kommen müssen.

Eine Sonderstellung kommt dem Diabetes mellitus Typ 2 (Altersdiabetes) zu. Insgesamt werden Heilungsraten des Typ-2-Diabetes von vierzig bis hundert Prozent im Anschluss an die unterschiedlichen Operationsmethoden in den Leitlinien beschrieben.

Die Adipositaschirurgie kennt verschiedene Operationsmöglichkeiten. Zur Verfahrenswahl heißt es in den Leitlinien:

*Ein für alle Patienten pauschal zu empfehlendes Verfahren existiert nicht. Als effektive operative Verfahren zur Therapie der Adipositas sollten Magenband, Schlauchmagen (SM), Roux-Y-Magen-Bypass (RYMBP) oder BPD mit duodenalem Switch (BPD-DS) eingesetzt werden. Ferner können Ein-Anastomosen-Bypass, biliopankreatische Teilung (BPD) oder die vertikale Bandplastik (VBP) eingesetzt werden.*

*Der Patient soll über die gängigen Verfahren beraten werden. [...] Der Patient ist über Operationsverfahren und mögliche Behandlungsalternativen, über Therapieeffekte, Komplikationen einschließlich Sterblichkeit, Nachsorge incl. möglicher lebenslanger Supplementation und plastische Folgeoperationen aufzuklären.*

Wie man sieht, gibt es verschieden invasive Möglichkeiten. So wird der Magenballon endoskopisch in den Magen eingeführt und mit Flüssigkeit gefüllt, um das Aufnahmevolumen für die Nahrung zu verringern. Das Magenband wird wiederum laparoskopisch – also mittels eines kleinen Lochs in der Bauchdecke – um den Magen gelegt, sodass der Magen wie ein Sack zugebunden und damit verkleinert wird.

Daneben gibt es verschiedene Formen sogenannter Magen-Bypässe, die in ihrer radikalsten Form die nahezu komplette Entfernung des Magens und von Teilen des Dünndarms zur Folge haben, was die lebenslange Einnahme von Medikamenten erforderlich macht, um fehlende Mikronährstoffe, die nun nicht mehr über den Magen-Darm-Trakt in ausreichender Menge aufgenommen werden können, zu ersetzen.

Trotz positiver gesundheitlicher Effekte bei entsprechend sorgfältiger Indikationsstellung sollten derartige Operationen immer nur als Mittel der letzten Wahl betrachtet werden, denn insbesondere bei der nahezu kompletten Entfernung des Magens und von Teilen des Dünndarms handelt es sich um einen schwerwiegenden, nicht mehr umkehrbaren Eingriff. Wie schwerwiegend dieser Eingriff tatsächlich ist, lässt sich eindeutig daran erkennen, dass die Leitlinien einen langen präoperativen Beobachtungsverlauf voraussetzen, der interdisziplinär durch verschiedene Fachärzte, Ernährungsberater und Psychologen zu begleiten ist.

Es ist ein harter Weg mit schweren Konsequenzen für das ganze Leben – nichts, was man mal eben so entscheidet, weil man zu bequem ist, auf herkömmliche Weise mittels Sport oder Bewegung abzunehmen.

Wenn die Indikation sorgfältig gestellt wird und sich das Kosten-Nutzen-Verhältnis als positiv darstellt, kann eine bariatrische Operation ein Segen für die Betroffenen sein, aber sie bleibt dennoch ein schwerwiegender Eingriff, und eine Garantie, dass man danach sein Wunschgewicht erreicht, gibt es nicht.

Sollte man sich für so eine Operation entscheiden, aber auf dem Weg dorthin feststellen, dass man die Voraussetzungen nach den deutschen Leitlinien nicht erfüllt, sodass die Krankenkasse die OP ablehnt, sollte man gewarnt sein. Keinesfalls sollte man nun eine Reise ins Ausland antreten, um dort kostengünstig selbst die Operation zu finanzieren. Wenn die Indikation vorliegt, übernehmen die gesetzlichen Krankenkassen die Kosten für eine derartige Operation – notfalls muss man bei einer ersten Ablehnung der Kostenübernahme mit Hilfe seines Arztes einen Widerspruch einlegen, dann werden weitere Gutachten erstellt. Wenn die Indikation nicht vorliegt und man sich im Ausland auf eigene Gefahr operieren lässt, läuft man Gefahr, dass man für sämtliche Folgeoperationen, die sich aus dieser privat finanzierten OP ergeben, ebenfalls selbst aufkommen muss – und das kann einen unter Umständen an den Rand der Privatinsolvenz führen.

Ungeachtet dessen sollte man die Langzeitfolgen nicht unterschätzen – zwar ist die intraoperative Sterblichkeitsrate mit 0,8 Prozent gering, aber es bleibt wie bei jeder Operation ein Restrisiko.

## VERÄNDERUNG DER SELBSTWAHRNEHMUNG

Nachdem wir uns nun ausführlich mit den verschiedenen Abnehmtypen und den unterschiedlichen Möglichkeiten der Gewichtsreduktion befasst haben, ist ein Aspekt bislang noch zu kurz gekommen. Wie nehmen wir uns selbst überhaupt wahr? Haben wir unser Selbstbild als schlankes oder als dickes Ich abgespeichert? Oder sind wir, so wie der schizoide Typus, davon völlig losgelöst?

Manchmal stehen wir uns durch eine fehlgeleitete Selbstwahrnehmung selbst im Wege. In extremer Form führen falsche Selbstbilder zu manifesten Essstörungen, die einer psychotherapeutischen Behandlung bedürfen.

Doch auch der scheinbar gesunde Mensch, der nur durch die aktuellen Lebensumstände ein ungesundes Ess- und Bewegungsverhalten entwickelt hat, ist ein Gefangener seiner Selbstwahrnehmung in Form einer selbsterfüllenden Prophezeiung.

Die fehlerhafte Selbstwahrnehmung funktioniert in beide Richtungen – so nimmt sich beispielsweise ein Mensch, der in seiner Jugend stets schlank war, aber mit zunehmendem Alter durch Änderung seiner Lebensumstände langsam dick wurde, meist viel länger als «völlig normal» oder gar «schlank» wahr, als jemand, der von Jugend an immer mit seinem Gewicht zu kämpfen hatte. Wer in seiner Jugend zwar normalgewichtig war, jedoch im Rahmen dieses Normalgewichts stets an der Grenze zum Übergewicht lag und möglicherweise sogar gehänselt wurde, wird sein eigenes Selbstbild, obwohl er unter seinen Altersgenossen inzwischen als normal gilt, als «zu dick» ansiedeln und damit Kopfschütteln hervorrufen.

Und so kommt es zu unterschiedlichen Zufriedenheitsstufen. Der stets schlanke Mensch, der langsam dick wurde, wird allenfalls durch sein Umfeld darauf aufmerksam – oder wenn er einfach keine passenden Hosen mehr bekommt. Andererseits kommt ihm sein Alter zugute – mit steigendem Alter wird auch ein höherer Body-Mass-Index als normal angesehen. Wer mit Mitte zwanzig dagegen als zu dick galt, wirkt mit Mitte fünfzig ganz normal, sofern er sein Gewicht gehalten hat.

Der Normalgewichtige, der immer kämpfen musste, um im Rahmen des Normalgewichts zu bleiben oder aber zeitweilig sogar die Grenze zum Übergewicht durchbrach und dafür gesellschaftliche Sanktionen in Form von Hänseleien erdulden musste, wird da wesentlich sensibilisierter sein. Gewichtskontrolle und stete Eigenbeobachtung sind für ihn lebensnotwendig, um sein Selbstbild mit der Realität abzugleichen. Manchmal erfüllt diese Selbstkontrolle noch einen anderen Zweck – den der Verlagerung. Wenn äußere Belastungen durch beruflichen oder familiären Stress zu groß werden und der Betroffene keine direkte Einflussnahme erkennen kann, werden die Probleme in Form einer inadäquaten innerpsychischen Abwehr auf das Gewicht geschoben. «Wenn ich die perfekte Traumfigur hätte, wäre mein Leben ganz anders, dann hätte ich diese ganzen Probleme nicht. Mein Partner wäre mir treu, und mein Chef würde mir mehr zutrauen!»

Tief in seinem Innersten weiß der Betroffene natürlich, dass das Unsinn ist, aber diese Erkenntnis ist so tief im Bewusstsein verschüttet, dass er sie problemlos verleugnen kann. Nun scheint es eine großartige Lösungsmöglichkeit für alle Probleme zu geben – man müsste nur schlank sein, dann wäre das Leben perfekt. Da die Erkenntnis, dass das nicht stimmt, allerdings immer noch in den Tiefen des Bewusstseins heimlich vorhanden ist, darf sich eigentlich gar nichts verändern – denn dann müsste man sich ja eingestehen, dass die Probleme andere Ursachen haben, man sie aber bloß auf ein bestimmtes Merkmal projiziert, das man – wenn man es wirklich wollte – auch verändern könnte. Aber genau das will man ja nicht, denn damit würde die Lebenslüge zusammenbrechen, und man müsste erkennen, dass das Gewicht im Grunde unwichtig ist.

Und so stellen sich diese Menschen selbst ein Bein – sie glauben zwar, dass sie sich ernsthaft um Gewichtsreduktion bemühen, aber sämtliche Abnehmversuche scheitern. Letztlich darf sich nichts verändern, damit die Lebenslüge aufrechterhalten werden kann. Der stete Gedanke ans Abnehmen ermöglicht es, mit allen anderen Problemen scheinbar gelassen umzugehen, da man sich vormacht, sie würden einzig durch das Übergewicht entstehen – und das versucht man ja zu verändern.

In dieser Phase ist das Selbstbild ein Schutz – man ist zwar

unglücklich, aber gleichzeitig kann man mit diesem Unglück-
lichsein, das sich einzig auf das Körpergewicht fokussiert,
sehr gut umgehen. Anstatt seine eigentlichen Probleme zu
lösen, tourt man lieber durch die Welt der Diätindustrie oder
beginnt – wenn alles erfolglos ist – Mitglied der Fat-Acceptance-Bewegung zu werden, weil das neue Lebensziel jetzt
nicht mehr darin liegt, die tatsächlichen Probleme des eigenen Lebens anzugehen, sondern für andere Menschen in derselben Situation – die diskriminierten Dicken – zu kämpfen.

Natürlich trifft das nicht auf alle Betroffenen zu. Aber
sollten Sie zu jenen gehören, die bislang vergeblich versucht
haben, Gewicht zu verlieren, und glauben, das Leben wäre
gerechter und einfacher, wenn Sie nur schlank wären, sollten
Sie einen Moment lang innehalten. Was wäre wirklich anders, wenn Sie schlank wären? Versuchen Sie es sich bildlich
vorzustellen. Würde Ihr Partner Sie dann mehr lieben und re-
spektieren? Würde Ihr Chef Ihnen tatsächlich mehr zutrauen
oder Sie ernster nehmen? Oder sind das nur Wunschbilder,
die Sie auf andere Weise viel effizienter erreichen könnten?
Das Verlockende daran ist folgendes: Wenn Sie Ihr Leben
ungeachtet Ihres Übergewichts in den Griff bekommen und
das Übergewicht seine Funktion verliert, sind Sie vielleicht
tatsächlich zum ersten Mal wirklich in der Lage, ernsthaft abzunehmen.

Natürlich gibt es zahlreiche Vorurteile gegen übergewichtige Menschen, doch ob diese einem zu schaffen machen,
hängt davon ab, welches Selbstbild man von sich hat. Bestätigt man unbewusst all diese Vorurteile, weil man sie selbst
verinnerlicht hat? Oder zeigt man durch sein Beispiel, dass

sie blödsinnig sind, und tritt dergestalt auf, dass das Gegenüber nach kurzem Kontakt bereits vergisst, ob man nun dick oder dünn ist? Weil es nur noch den Menschen sieht?

Manch ein adipöser Mensch beklagt, dass er nur auf sein Gewicht reduziert wird. Dabei gilt es immer zu bedenken, in welchen Situationen das geschieht. Bin ich so morbid-adipös, dass mein Körpergewicht bereits zu einer Körperbehinderung wird? Passe ich nicht mehr in Stühle, kann ich normale Betten und enge Treppenhäuser nicht mehr benutzen, und bin ich dankbar, dass die Telefonzellen schon vor Jahren abgeschafft wurden, da ich ohnehin nicht hineingepasst hätte?

Wenn Sie sich in dieser Gewichtskategorie bewegen, ist Ihr Gewicht selbstverständlich ein ständiges Thema in Ihrem alltäglichen Leben – genauso wie es für einen Rollstuhlfahrer wichtig ist, sich vorher über barrierefreie Wege in öffentlichen Verkehrsmitteln zu informieren. Ihr Problem liegt nun allerdings nicht nur in der Behinderung durch das Körperfett, sondern darin, dass Ihnen von Teilen der Gesellschaft die Schuld dafür gegeben wird. Die Menschen sind sehr schnell mit Vorwürfen bei der Hand, wenn es um die angebliche Verantwortungslosigkeit morbid-adipöser Menschen geht. Aber würde die Gesellschaft auch einem Rollstuhlfahrer Verantwortungslosigkeit vorwerfen? Niemand weiß, warum jemand im Rollstuhl sitzt, wenn man ihm auf der Straße begegnet. War er das unschuldige Opfer eines Verkehrsunfalls, leidet er an einer erblichen Muskeldystrophie oder an Multipler Sklerose? Oder ging er einer Risikosportart nach und verunglückte dabei aus reinem Leichtsinn? Wenn wir uns den morbid-adipösen Menschen ansehen, wissen wir ebenfalls nicht, was zu seinem enormen Übergewicht führte. Zwar können wir davon ausgehen, dass die Ursachen nur ausgesprochen selten in einer körperlichen Erkrankung liegen, aber die seelischen Ursachen, die zu einer derartigen Verzerrung des Selbstbildes führen, sodass man nicht mehr bemerkt, wie man sich immer mehr verändert, und unfähig ist, rechtzeitig gegenanzusteuern, sind viel schwerer zu behandeln als körperliche Ursachen.

Andererseits sollte Übergewicht nun nicht gleich mit psychischer Krankheit oder der Notwendigkeit einer Psychotherapie assoziiert werden. Vielmehr kommt es darauf an, sich selbst als Gesamtpersönlichkeit zu betrachten. Ein Selbstbild ist mehr als das äußere Erscheinungsbild. Was für ein Typ bin ich? War ich schon immer dick? Wenn ja, warum? Waren meine Eltern auch schon immer dick? Stamme ich aus einer Familie von Genussmenschen mit gutem Appetit? Habe ich von Kindheit an gelernt, immer meinen Teller zu leeren, weil es eine Sünde ist, Lebensmittel wegzuwerfen? Wurde ich dafür belohnt, wenn ich alles aufgegessen habe? Beispielsweise damit, dass ich erst dann den Nachtisch essen durfte, wenn der Teller leer war? Fühlte ich mich in meiner Familie geborgen und wurde erst gehänselt, als ich in die Schule kam? Wofür stand mein Gewicht wirklich? Wurde ich gehänselt, weil ich dick war, oder war das Hänseln die Waffe von neidischen Kindern, die mir die Liebe der Eltern neideten und nach etwas suchten, das sie mir negativ auslegen konnten? Hat sich dieses Bild in meinem Bewusstsein bis heute bewahrt? Fühlte ich mich ausgegrenzt und kämpfte deshalb gegen ein bestimmtes Merkmal, das aber gar nicht die tatsächliche Ursache der Ausgrenzung war, sondern nur symbolisch herhalten musste?

Neben all dem Einfluss, die unsere Charaktereigenschaften auf das Abnehmen haben, neben all der echten Motivation, die wir brauchen, müssen wir uns auch über unser Selbstbild klarwerden. Wir müssen uns entscheiden, wer wir sein wollen. Und wir müssen uns entscheiden, ob wir bereit sind, den Preis dafür zu bezahlen, denn es gibt nichts umsonst.

Wer sich zu sehr auf sein Körpergewicht versteift, ohne darüber nachzudenken, warum er es ändern will und was das für seine eigene Entwicklung wirklich bedeutet, kann auf Dauer keinen nachhaltigen Erfolg haben. Diäten sind kein Selbstzweck, um irgendwelchen äußeren Zwängen und Moden nachzugehen. Der Jojo-Effekt ist dann nur eine Frage der Zeit, denn sowohl unser Essverhalten als auch das daraus resultierende Körpergewicht sind Hinweise auf ein Ungleichgewicht in unserem Leben.

Andererseits ist es nicht zwingend notwendig, erst eine Psychotherapie zu machen, um erfolgreich abzunehmen. Wer dazu neigt, plakativ zu erklären, dass er erst mal seine Probleme lösen müsse, um abnehmen zu können, läuft Gefahr, sich gemütlich in seiner Opferrolle einzurichten, sofern er diese Probleme nicht konkret benennen kann und keine nachhaltigen Lösungsstrategien seiner Probleme außerhalb des Übergewichts erarbeitet. Man sollte sehr darauf achten, seine Probleme nicht einfach nur als billige Ausrede zu nutzen, um einfach so wie bisher weitermachen zu können. Man muss die Verantwortung für sich übernehmen – jenseits aller Ausreden. Will ich etwas ändern, oder will ich es nicht? Beides ist in Ordnung, der einzige Fehler, den wir begehen können, liegt im Selbstbetrug.

Wir haben nur dann die vollständige Kontrolle über die Ausgestaltung unseres Lebens, wenn wir die Verantwortung dafür übernehmen. Zwar werden wir nicht alle Ziele erreichen, aber wir können es versuchen und uns erreichbare Zwischenziele setzen. Wenn ich mich ständig selbst zum Opfer der Umstände oder meines Gewichts und der bösen Gesellschaft hochstilisiere, kann und werde ich nichts ändern, weil ich nicht weiß, wo ich anfangen soll. Selbst eine Psychotherapie werde ich nicht beginnen, weil ich mich dann einfach darauf berufen kann, dass Psychotherapeuten eine lange Warteliste hätten. Das mag stimmen – aber wer etwas verändern will, kann sich auf die Warteliste setzen lassen. Selbst wenn man ein halbes Jahr warten muss, wird man dann in einem weiteren Jahr viel weiter sein als jemand, der es gar nicht erst versucht, sondern nur jammert, wie ungerecht die Welt ist.

Und wenn ich nichts an meinem Leben verändern will, weil es mir so gefällt, wie es ist – mit all dem, was andere möglicherweise kritisieren –, dann ist das auch in Ordnung. Aber ich muss offen dazu stehen. Ich muss mir eingestehen, dass ich etwas ändern könnte, wenn ich es wirklich aus tiefster Seele heraus wollte und bereit wäre, die Mühen auf mich zu nehmen.

Entweder bleibe ich also dick, bin damit zufrieden und kann dies auch offen in sämtlichen Fat-Acceptance-Bewegungen vertreten – allerdings mit dem Unterschied, dass ich nun dazu stehe, dass ich deshalb dick bin, weil ich mein Leben nicht verändern will.

Oder aber ich stelle fest, dass ich mein Leben tatsächlich verändern will. Möglicherweise ist mein Job das Problem. Ich kann mich dann dazu aufraffen, mich auf dem Stellenmarkt umzusehen und Bewerbungen zu schreiben. Vielleicht finde ich einen Job, der besser zu mir passt. Ich kann auch meine Beziehung überdenken – warum ist unsere Partnerschaft eingerostet? Liegt es wirklich nur an meinem Körpergewicht, oder haben wir uns auseinandergelebt? Wie können wir unsere Beziehung wieder neu beleben?

Unter günstigen Umständen können schon derartige Veränderungen ausreichen, um auch ganz ohne Mühe an Gewicht zu verlieren – falls man zu denen gehört, die erst zugenommen haben, als sich ihr Leben in die falsche Richtung entwickelte. Und wenn man wieder einen angemessenen Ersatz für die übermäßige Kalorienzufuhr findet, die irgendeine Leere in einem ausfüllen sollte.

Selbst wenn das allein nicht reicht, wird durch eine Veränderung der Lebensumstände der Boden dafür bereitet, dass man anfangen kann, sich tatsächlich ernsthaft mit irgendeiner Form der Gewichtsreduktion auseinanderzusetzen. Denn nun ist plötzlich wieder die Energie da, einen neuen Lebensabschnitt zu beginnen – einen Lebensabschnitt, in dem man bereit für ein neues, gesundes Selbstbild ist – ganz gleich, ob mit oder ohne Übergewicht.

# EINE ABSCHLIESSENDE BEMERKUNG ZU BEHANDLUNGSBEDÜRFTIGEN ESSSTÖRUNGEN

Falls Sie zu denen gehören sollten, die unter einer behandlungsbedürftigen Essstörung leiden, können die bislang aufgeführten Themen dieses Buches Ihnen Denkanstöße liefern, aber Sie sollten dennoch ärztlich-therapeutische Hilfe in Anspruch nehmen, falls Sie es noch nicht getan haben.

Insbesondere hinsichtlich Ihrer Selbstwahrnehmung wird es Ihnen aus sich selbst heraus kaum gelingen, das Konstrukt aus fehlgeschalteten Selbstbildnissen und dem tatsächlichen Ist-Zustand zu durchbrechen. Zudem können sich Essstörungen wie Suchterkrankungen manifestieren, unsere Steuerungsfähigkeit lahmlegen und es uns allein unmöglich machen, schädliches Verhalten zu durchbrechen. Dies kann sowohl auf die morbide Adipositas zutreffen, die auch als Fettsucht bezeichnet wird, als auch auf die Magersucht, die im Grunde das gegenteilige Spiegelbild ist, aber viel schneller zum Tode führen kann, wenn ein lebensbedrohliches Untergewicht erreicht ist. Und es betrifft auch jene, die nach außen hin zwar völlig normal aussehen, aber diese «Normalität» nur durch ein pathologisches Essverhalten wie beispielsweise die Bulimie aufrechterhalten.

Wenn Sie sich in einem derartigen Teufelskreis befinden, werden Sie dem ohne professionelle Hilfe kaum entkommen können. Am ehesten wird dies noch der Morbid-Adipöse erkennen, denn massives Übergewicht lässt sich nur schwer verbergen, während Magersüchtige zahlreiche Strategien und Tricks kennen, ihren Zustand zu kaschieren. Auch Menschen, die unter Bulimie leiden, wirken meist völlig unauffällig auf ihre Umwelt und können ihr Problem lange geheim halten, ohne dass es zur Ausgrenzung oder gar sozialem Abstieg führt.

Wenn Sie nach der Lektüre dieses Buches den Eindruck haben, dass es Ihnen nicht weitergeholfen hat und Sie für sich selbst kein Licht am Ende des Tunnels erkennen, ist dies der wichtigste Hinweis darauf, dass Sie einer weiterführenden Hilfe durch Fachleute bedürfen. Sei es, um Ihre Ernährung besser regulieren zu können oder um die tiefer liegenden Probleme, die überhaupt erst zu Ihren Gewichtsproblemen geführt haben, zu bearbeiten.

Zusammenfassend lässt sich festhalten, dass extreme Normabweichungen des Körpergewichts sowie ein gestörtes Essverhalten bei normalem Körpergewicht wichtige Hinweise auf ein gestörtes seelisches Gleichgewicht sind.

Manche adipösen Menschen sagen über sich selbst, dass sie sich ein «dickes Fell» angefressen haben, während Menschen mit Magersucht eine gestörte Selbstwahrnehmung haben, die aus verschiedensten Ursachen resultieren kann – sei es, dass sie traumatische Erlebnisse verarbeiten und einen erwachsenen, weiblichen Körper ablehnen oder einem Ideal nacheifern, das sie niemals erreichen können, um stattdessen die Augen vor ihren wirklichen Problemen zu verschließen.

Eines sollte man sich jedoch klarmachen: Man kann eine Essstörung nicht durch eine Diät entwickeln. Die Essstörung ist immer zuerst da, sie wird unter Umständen nur erst für andere offensichtlich, wenn verschiedene Diäten und Abnehmversuche scheitern oder ehemals übergewichtige junge Mädchen eine Magersucht entwickeln. Dies ist jedoch nicht die Folge eines kontrollierten Essverhaltens, das während einer normalen Abnehmphase erforderlich ist, um tatsächlich Gewicht zu verlieren, sondern hier kommt eine schon vorher bestehende behandlungsbedürftige Störung zum Ausdruck. Es ist immer eine Frage von Ursache und Wirkung. Das Körpergewicht ist stets nur das Symptom der dahinterliegenden Erkrankung oder des seelischen Ungleichgewichts.

Daher gilt es zu unterscheiden, ob wir jemanden, der nur diskret aus dem Gleichgewicht geraten ist und deshalb zugenommen hat, vor uns haben, oder jemanden, dessen Übergewicht tiefgreifende psychische Probleme kaschiert, die durch eine Diät allein nicht zu lösen sind. Die Entscheidung, ob eine Aufarbeitung komplexerer Probleme notwendig ist, muss jeder Betroffene für sich allein treffen, denn eine Psychotherapie ist nichts, was «von außen» mit einem Menschen «gemacht» wird, damit nun wieder alles gut ist, sondern ein intensiver Prozess, in dem der Therapeut keine Lösungen vorschlägt, sondern dem Patienten nur die richtigen Fragen stellt, damit dieser für sich selbst die individuell richtigen Lösungen finden kann. Und dazu muss man ebenso bereit und motiviert sein wie zum Abnehmen selbst.

Man muss bereit für Veränderungen sein.

## Weitere Titel von Claudia Hochbrunn

Die Welt, die ist ein Irrenhaus und hier ist die Zentrale

Ein Arschloch kommt selten allein

Wer bin ich – und wie nehme ich ab?

Das für dieses Buch verwendete Papier ist FSC®-zertifiziert.